一套关于传统文化的百科知识全书

传统文化十万个为什么

多彩汉语
文学长河
艺术博览

撰写者

蒋芳仪　徐剑　张欣　喻英贤
李锡琴　李艳蕾
徐櫟　孙晋诺　许友超

中華書局

目录

多彩汉语

文学长河

艺术博览

多彩汉语

汉字“一、二、三”是根据数量画不同的横杠，为什么从“四”开始就不是画横杠了呢？

事实上，在甲骨文中，“四”也是画四条横杠的，字形为≡。这样使用了上千年，但最终还是不得不改变。如果“四”画四条横杠，那必然也有五杠六杠七杠八杠九杠，那“十”“百”“千”“万”又怎么画得全呢？

“四”“五”“六”“七”“八”“九”都是借字，那么它们起初都表示什么意思，被借走之后，又由什么字来代替原字的呢？

“四”的本义是鼻涕，和数目本来没有关系。金文字形“四”是这样的：㊃。看上去就像是两条鼻涕从鼻孔中流下来。后来“四”被借用表示数目，而“泗”替代了它的本义。

“五”字在甲骨文里有三个异体字 X ㄨ X，最古老的那个“五”字，只有两杠交叉X，据考证，这可能是一种远古巫术符号，表示禁止。这个带叉的符号至今仍在使用，例如教师批改作业画叉，又如表示道路禁止通行或车辆禁止停放等。后来，“五”被借去做数字，所以人们另造“毋”字，表示“五”的本义禁止。

甲骨文“六”写作介，像个棚屋。原来，“六”最早是指修建在田地中的棚屋，夏秋可以住进去，守住田地的果实产出。后来，“六”被借去做数字，表示“棚屋”的本义就由“庐”担起来了。

“七”的甲骨文字形为十，仅仅用于计数。“七”的字形像是横刀割庄稼，因此本义就是“切”。后来，“七”被借用为数字，它的本义则由“切”字来表示，“切”是个形声字，形旁是刀，声旁为七，表示“切割”的意思。

“八”字本义是现在“扒”的意思。甲骨文字形为八，让人联想到扒树皮，即把树皮剥开，用来建造房屋。《说文解字》认为“八”的意思是分别、相背。“八”的大写“捌”也跟这个意思相关，和用手把东西分开或折断的“掰（bāi）”意思相近。

“九”这个字，说法就多了，到现在也没有统一的认识。有人认为从金文字形九来看，上面的“又”字表示右手，下面弯曲的应该是胳膊肘。所以，“九”的本义应该是“肘”。而在古代，“九”“肘”的读音恰恰相同，这一点也是一个有力的旁证。后来，

“九”字借做数字用，后人造出“肘”字，表达“臂肘”的意思。

	甲骨文	金文	小篆	楷体
四：				四
五：				五
六：				六
七：				七
八：				八
九：				九

汉字中笔画最多的字是哪个？笔画最少的字又是哪个？

陕西关中地区流传一种面食，叫𰻞（biáng）𰻞面。有人认为𰻞是汉字里笔画最多的一个字，多达56画。这个说法流传很广，却并不符合事实。其实，我们只要查查权威的大型辞书就能得到正确答案。迄今为止，《汉语大字典》和《中华字海》是收录汉字非常全的两部工具书。这两部字典里收录的笔画最多的汉字均为4个繁体“龍”字叠加构成的zhé字（见下图），64画。

𪚥

这个笔画繁多的字到底是什么意思？《汉语大字典》里的释义是“唠唠叨叨，话多”。原来，四条龙同时在天上飞舞，发出的声音搅得天下不宁，以此来形容某些人唠唠叨叨，说个没完。

据资料考证，这四个“龍”叠加的字很可能在司马光所处的北宋时期就出现了。

此外，我们再也没有找到比这个字笔画更多的字了。

如今，我们已经不再广泛使用繁体字，而是以简体字为主。有人会问，简体汉字里哪个字笔画最多呢？

是“齉”字，它一共36画，是简体汉字中笔画最多的汉字，意思是鼻子不通气，发音不清，读nàng。

至于笔画最少的汉字，大家第一反应可能就是“一”字，它只有一个笔画，因此确实是笔画数最少的汉字。但是，只有一个笔画的汉字不仅只有“一”字，还有“乙”字和“〇”字。相比之下，“一”和“乙”大家都非常熟悉，“〇”却可能让人产生误解，以为它是一个阿拉伯数字，其实它是地地道道的汉字，它的意思是零，多表示年代，如二〇〇八年。

“病”字的最早写法是“疒”，难道“疒”也是一个字吗？

我们现在都知道“疒”是部首，称为“病字头”。许多与疾病有关的字都用它来做偏旁，比如“疾”“疤”“疗”“瘟”等。可是你知道吗？“疒”在古代就是一个字，是病字的最早写法。

《说文解字》是我国第一部按部首编排的字典，为东汉文字学家许慎所著，其中就收录了“疒”字，读音为nè，含义有两个：一是倚，靠着。二是病。古人造的“疒”字字形为，它像一个人倚躺在床上，旁边的小点是这个人因为病痛而出的汗水。我们看一下“疒”的字形发展：

甲骨文　金文　小篆　隶书

后来，为了给这个字添加一个读音的偏旁，就在“疒”字下面加上了“丙”字，成为我们现在书写的“病”字了，专门表达疾病等含义，而“疒”却逐渐成为偏旁部首了。如开头提到的“疾”表示生病，“疤”表示生病后留下的疤痕，“疗”表示治疗疾病，“瘟”表示传染病等。

“狗”用反犬旁（犭）理所当然，“猪”和“猫”为什么也用反犬旁（犭）呢?

都说猫狗不相容，那为什么“狗”用反犬旁，“猫”也用反犬旁呢? 难道它们很久以前是一家吗? 不仅“猫”用反犬旁，跟“狗”一点都不像的猪，用的也是反犬旁，这又是怎么回事?

没错，古人使用繁体字的时候，反犬旁仅仅是犬科动物的特权，如“狗”“狼”“狐”等字都是反犬旁。“猪”这个字，开始是不存在的，那时人们用“豕（shǐ）”字表示猪，“豬”也是猪，用的就是“豕”旁。而猫科动物，用的是豸（zhì）旁，如“貍”“豹”。

后来豕旁和豸旁有一部分统一为反犬旁了，所以现在我们看到的很多动物都用反犬旁了。

当然，凡事都有例外。比如，同为猫科的狮子的“狮”也用了反犬旁，而事实上它与犬科动物没有关系，也有人说因为狮子是后来从国外引入的，所以，不像“虎”和“象”那样有自己的象形字，只能用大多数动物都用的反犬旁了。还有一个“豺”字，则是唯一的犬科动物却用了豸旁的。

闲谈为什么又称为“聊天”? 是因为经常聊到天气吗?

以轻松随便的方式，不拘礼仪不受拘束地谈话，这类闲谈我们叫作“聊天”。说来奇怪，世界上有那么多可聊的事情，为什么不是“聊地”“聊山”“聊水”，偏偏是“聊天”呢?

有人说，闲谈之所以叫“聊天”，是因为人们常常会谈论天气; 也有人说，“聊天”意味着漫无边际地闲扯，聊到天上去了。其实这些都不是聊天的本义，“聊天”最初的确是跟“天”有关的，只不过这“天”不是指“天气”，也不是泛指“天边”“天际”，它是指“天象”。

据说在战国时期，当达官贵族们要决定某些大事时，总要请一些著名的阴阳五行家或者术士来占卜吉凶，而这些阴阳五行家们占卜时，总会将事情的吉凶与天象的变化（如风雨雷电、流星等）联系到一起。他们往往会就“天象”的复杂情况谈论很长时间，这就是“聊天”一词的来历。

久而久之，“聊天”延伸为闲谈的另一种说法。当人们在一起轻松随意、漫无目的地闲谈，我们就称为“聊天”。

北方人说话爱加儿化音，如“倍儿好”“发小儿”，是因为这样好听吗？

当人们在说话的时候，词汇中的字音韵母因卷舌动作而发生音变，这种现象就叫作儿化。儿化的韵母就叫儿化韵，其标志是在韵母后面加上r。如鸟儿（niǎor）、老头儿（lǎotóur）等。北京等地的方言中就有很多儿化现象。

儿化音听起来有种特别的韵味，但不要由此以为儿化音只是为了好听，其实，它还有区别词义和词性的功能。比如，“刺”可以做名词，也可以做动词，但“刺儿”就只能做名词了；“一点”单独使用的时候，是名词，指时间，而“一点儿”作量词，是“少量、少许”的意思。所以，当儿化音区别词义和词性时，是必须要儿化的，否则会产生歧义。但在书面语言或者正式场合，如果不需要用儿化，则尽量不要用，因为儿化音的使用比较口语化，带有很浓的感情色彩，并不适宜特别严肃正式的场合。

在生活中，人们常用儿化音来表示一种喜爱和亲切的感情，比如“小花儿”“大高个儿”“我们去看电影儿”……这些儿化音里带有一种愉快的感情在里面。

另外，我们还常常用儿化音来区分南北方人，以为只有北方人说话儿化音多。的确，在华夏文化圈的语言中，除了北方话之外，诸多南方语系不存在卷舌的r音，但儿化音却不是北方话独有的现象，比如处于南方语系的台州话，就保存着儿化音。台州话受北方话影响较小，我们由此可以推测，儿化音很可能是古代汉语本身就存在的一种语言现象。

“二”和“两”都能表示数字“2”的概念，那为什么有时用“二”，而有时又必须用“两”呢？

“二”和“两”虽然都能做数词，但在用法上是有区别的，多种情况下不能随意换用。否则，不仅读起来拗口，不符合语言表达习惯，而且还容易产生歧义，闹笑话。

那么，“二”和“两”的区别到底在哪里呢？

数词“二”单用或者与别的词组合，可以表示序数、小数、分数、概数等，如：第二、百分之零点二（0.2%）、五分之二、二三十个、二十岁上下等。在这些情况中，“二”都不能替换成“两”，如“第二名”不能说成“第两名”，“二哥”也不能说成“两哥”。

数词“两”字一般用于量词和“半、千、万、亿”之前，如：两扇窗、两本书、两只老虎、两个半月等。这里的“两”都不能用“二”代替。

至于一些有特定意义的词组，如“二把刀”“二百五”“二人转”等，不能用“两”来替代；而“两广”“两回事”“三言两语”等，也不能以“二”来换用。

另外，“俩”字我们也要注意。“俩”主要表示两个或不多的意思，如“咱们俩”“你们俩”“就咱俩”等。因为“俩”本来就表示两个，所以后面就不能再加“个”字或其他量词了。

其实，我们口头表达“二”或“两”的时候，如果有误，就自然会觉得不对劲，往往自动就能纠正过来，这是长期形成的语言习惯。比如“两两饭”，读起来拗口，听起来别扭，人们往往一开口就知道自己错了。所以，如果书面表达拿不准，可以默读几遍，这样自然就知道正确的用法了。

聊天这件事儿，为什么北京人叫侃大山，成都人叫摆龙门阵，东北人叫唠嗑？

北京人把聊天称为侃大山，意思是漫无边际地聊天，也叫作砍大山。北京人久居天子脚下，见多识广，资讯交流也很便利，因此他们不以传播新知为重点，而把注意力放在叙述的方式上。北京人往往把事情表述得十分吸引人，让人感到惊奇，还颇有几分幽默感，其重点不在于具体内容，而在于哗众取乐。因此很多人会觉得北京人有些“贫”，有些“油嘴滑舌”。北京人的“侃大山”还带有高谈阔论甚至吹牛的意思。

成都人把聊天叫作摆龙门阵。据说，龙门阵是唐朝薛仁贵东征时所摆的阵势，这个阵势曲折离奇，变幻莫测。这个故事被后代人尤其是明清以来的民间艺人津津乐道，添油加醋，大肆渲染。久而久之，“龙门阵”便专指那些复杂曲折、变幻多端、趣味无穷的摆谈（方言，交谈）。“摆龙门阵”还不同于一般的聊天，更像是说书人在说书，要使用铺陈、排比、夸张、联想等各种修辞手段，让人听起来觉得热闹、麻辣，绘声绘色，有滋有味，即使是普通的一件小事，也能叙述得跌宕起伏，曲折离奇。因此，“摆龙门阵”除了要有闲工夫，闲地方，还要肚子里有真本事，嘴皮子够利索才行。

“唠嗑”是东北人的闲聊。不同于“侃大山”和“摆龙门阵”，东北人的“唠嗑”带有更多拉家常的意味，他们喜欢说些家长里短，注重人与人之间的情感沟通和日常交流，一唠起嗑来就非常亲热。这个跟东北的地理位置有关，以前的东北人烟稀少，人与人见个面不容易，交流机会也少，因此一旦见面，不管大事小事，就聊个没完，这就成了“唠嗑”。

孔子的名言“知者乐水，仁者乐山”中的“乐”该怎么发音？

“乐”是一个多音字，我们了解得最多是yuè和lè两种读音，前者有“音乐”的意思，后者则是“高兴、喜欢”的意思。而在“知者乐水，仁者乐山。”这句名言里，“乐”字应该读yào。这个音在《王力古汉语字典》有特别注明，并引用了“知者乐水，仁者乐山”来举例，“乐”字用作动词，表示喜好、爱好，读yào。这个读音在古代汉语和现代汉语里是一致的。

其实，除了“乐”有特殊读音，还有很多汉字也有特殊读音：比如“单于”的“单”，既不读最常用的dān音，也不念作姓氏用时的shàn音，它的正确读音是chán，“单于”是“中国古代匈奴君主的称号”，是一个专用词。又如“女红”的“红”，本来最常用

的读音是hóng，但“女红”的“红”却读gōng，“女红”，指旧时女子所做的针线、纺织、刺绣、缝纫等工作。再如“龟裂”的“龟”，常用的读音是guī，但这里读jūn，用来指田地因天旱而裂开许多缝，或者指人的皮肤因为寒冷干燥而布满裂纹或出现裂口。

“差强人意”是“使人感到差劲”的意思吗？

一看到“差”字，很多人第一反应就是“差劲”“不好”，因为“差劲”确实是“差”的一个常用义。但是“差”还有许多其他意思，只知其一，不知其二，就难免会弄错了。

“差”原本是一个会意字，从羊从工。“羊”指羊群。羊的特点是驯顺。羊群的表现是：聚集在一起，边走边吃草，各吃各的草，吃草很专心。“工”指工地、工程、工作。“羊”与“工”联合起来表示工地上服劳役人员的群集劳动，各有分工。所以，“差”的本义是：群体劳作，各有分工。

发展至今，“差”已经不再是过去的“差”了，它有五个读音：chà、chā、chāi、cī和chài，不同读音的“差”表达不同的字义。当它读chà的时候，表示错误、不相当、缺欠、不好，如“差劲”。而它读chā的时候则是“大致还可以”的意思，如“差强人意”，这里的“差”是一个程度副词，表示勉强、大致还可以，“差强人意”就是大体上能让人满意，而不是有些人认为的“很差劲”。

“差”读chāi时，表示“派遣”或“被派遣”做事，如“鬼使神差”“出差”等。“差”读cī时，表示不整齐，如“参差不齐”。“差”读chài时，同“瘥”，是“病愈”的意思。

形容一个人很受欢迎叫“吃香”，一个人脾气暴躁叫“吃枪药了”，大家为什么这么喜欢用“吃”字？

大家喜欢用“吃”字跟中国人的文化有关。“民以食为天”，在中国，吃饭是头等大事，“吃”是民生第一权利，“人是铁，饭是钢，一顿不吃饿得慌”，中国人对于吃有着特别的感情。

在汉语里，由“吃”字蔓衍出广泛的意义。“吃亏”“吃官司”“吃不住”等词的“吃”有承受之意；“吃老本”“吃白食”“吃皇粮”“吃空饷”的“吃”有依靠的意思；很多奇怪的东西能吃，比如“吃闭门羹”“吃定心丸”“吃后悔药”“吃老祖宗”；一些不是食品的东西也能吃，比如“吃苦”“吃惊”；还有许多带“吃”的词是有实指和虚指的，如“吃醋”，既指吃调味品醋，也指产生嫉妒情绪。总之，“吃”是一个多义的动词，汉语的“吃”派生出的其他动词之意，大概是世界语种“吃”中最多的。

此外，“吃”还在不断进化和演变，“吃”字有着越来越丰富的含义。在汉语里，“吃”真是个了不起的动词，可小可大，可虚可实，真是“吃遍天下无敌手”啊。

曾经的“我”是一把杀伤力极强的武器！这是怎么回事？

“我”的甲骨文字形为，一眼看过去，像戈，又不是一般的戈，因为比一般的戈还多出几把匕首形状的东西。后来，考古学家们把曾经的“我”给挖了出来，那是一种类似三戈戟（jǐ）的兵器。学者们认为这种三戈戟就是“我”，而且认为“我”跟其他一般的兵器比起来，杀伤力很强，那尖尖的三根齿砍下去，就像锯子锯木头一样，能把对方轻易地撕开，一般的战甲也都难以保全。所以，“我”是一把强力的“凶器”！“我”这种武器盛行于商代至战国时期，秦代以后逐渐消失。

“我”是怎样由兵器转为人称代词的呢？那是因为，当时部族与部族之间，人与人之间经常会爆发争斗，为了抗御敌人的侵犯，捍卫部族“大我”或个人“小我”的利益，只能靠着强大的武力，这时，“我”这种杀伤力强的兵器就非常受人青睐了，因为拥有了“我”就等于有了绝对的实力，可谓“我”在人在，因此，“我”便慢慢引申为第一人称代词。

“我”作为第一人称代词使用，最早见于殷商时代的甲骨文，不过，那时不是指“自己”，而是指“我们”。后来才渐渐发展成既表示“自己”，又表示“我们”，到今天，则完全表示自己了。

汉语中“蝴蝶”“尴尬”和“啰嗦”一类词，为什么两个字连在一起才能表达意思，分开就没有意义了？

汉语里有一种词，叫作连绵词，又称联绵词、连绵字。连绵词是由两个音节联缀成义而不能分割的词，它有两个字，但只有一个意义。比如“蝴蝶”“尴尬”“啰嗦”这些词，两个字连在一起才能表达意思，分开就没有意义了。

为什么要用两个字来表示一个意思呢？连绵词的存在有什么意义？

其实，连绵词在表义上确实十分狭窄，但它却有着内在的音韵，表达十分生动。比如“慷慨”，这两个字声母相同，读起来铿锵有力；比如“彷徨”，则是韵母相同，读起来委婉曲折；又比如“孜孜”，两个字同音重复，在一些句子里使用起来有一种连绵的音乐感。可以说，连绵词丰富了汉字的表达方式。

连绵词不能拆开使用，只在极个别的情况下，才会拆开使用，比如“天翻地覆慨而慷”，这句诗对连绵词进行了拆分使用，但这是个例，不具代表性。

此外，还有一些双声词语，其中一字可独立成义，另一字不能独立成义，也归入连绵词行列，因为这两个字连起来才能表达一个意义。如“寂寞”，“寂”可独立成义，“寞”不行，所以“寂寞”也算是连绵词。

连绵词有三种类型：1.双声词，即声母相同，如“伶俐”；2.叠韵词，即韵母相同，如“骆驼”；3.非双声叠韵词，即除了上述两种词以外的连绵词，如“蝴蝶”。

为什么“中国队大胜美国队”和“中国队大败美国队”都表示中国队获胜？

众所周知，“胜”“败”是一对常见的反义词，可“大胜”“大败”使用起来竟然是一个意思。比如“中国队大胜美国队”和“中国队大败美国队”，都表示中国队得胜，难道这对反义词又变成同义词了吗？

事实上，不是“胜”“败”变成了同义词，而是“大胜”和“大败”成了同义词，“大

胜”指“以绝对优势战胜”，而“大败”则指“以绝对优势打败”。“大胜”和“大败”不仅是一对同义词，而且还是词组，其中的“胜”“败”不可以拆开理解。类似的还有“战胜”和“战败”，它们的反义词要用被动方式来表达：“被……战胜”和“被……战败”。

汉语中有很多类似的语言情况，如“我好容易吃饱了”和“我好不容易吃饱了”，“差点摔一跤”和“差点没摔一跤”，“那模样好威风”和“那模样好不威风”，“果然”和“果不其然”等，表达的都是一个意思。

古诗中的“妻子”不是我们现在的“妻子”？这样的词还有哪些？

杜甫在诗歌《闻官军收河南河北》里有一句诗是“却看妻子愁何在，漫卷诗书喜欲狂”，表达自己听到官军收复失地以后的欢喜心情。没有古汉语知识的人，可能以为这里的妻子只指诗人的爱人，其实诗中的“妻子”并不仅仅指“爱人”，还包括“儿女”呢！

原来，古汉语中没有“妻子”这个词，诗中的“妻子”是个短语，即“妻”与“子”，读qī zǐ，指妻子和儿女；现代汉语中的“妻子”，读qī zi，指已婚男人的爱人、配偶。

这也是古代汉语和现代汉语的不同之处，古代汉语以单音词为基础，现代汉语以双音词为基础。类似的词还有很多，比如“夫人”在古汉语中的意思是“那个人”，现在则是对别人的妻子的尊称。“形容”在古汉语中指“形体和容貌”，现代则是“对别人或事物的形状或性质加以描绘”的意思。

“卑鄙”为什么从古代的谦称变成了现在对人的蔑称？

其实，这是“卑鄙”的古今义不同才导致的疑惑。现代汉语中的“卑鄙”是一个形容词，意思是“语言、品行恶劣，不道德”，是个贬义词，一般用于骂人，比如骂“你这

个卑鄙小人”等，差不多就是对这个人品行的根本否定了。但在古代，“卑鄙”并不是一个贬义词，相反，它常用来表示自谦。“卑”的本义是伺候主人的奴仆，后来泛指地位低下，它的反义词是“尊”。“鄙”本指远离都市的边远地区，和“都”（都市）相对，因为住在边远地区，消息闭塞，所以“鄙”引申为“庸俗、浅陋”。后来，“卑鄙”联合在一起组成词组，逐渐作为形容词来使用，意思是“卑微鄙陋”。诸葛亮曾在《出师表》中写道：“臣本布衣，躬耕于南阳……先帝不以臣卑鄙……三顾臣于草庐之中……”“先帝不以臣卑鄙”的意思是“先帝不把我看成地位低下、见识短浅的人”，当然，这是他的自谦之词，我们不能认为他真的“卑鄙”。

口头禅跟佛教有关系吗?

每个人说话都有自己的个性特点，有的人喜欢说“差不多”，有的人则会说“随便”，有的人总是说“没问题”，有的人则会说“OK”。没事总将某个词挂在嘴边，这个词就是口头禅。不过，这些很常见的习惯用语，又不是禅语，怎么会和“禅”这么高深的词挂上钩的呢?

原来，“口头禅”最初还真是佛教用语呢！不过，它可不是一个好词，它的本义是指没有经过自己的心灵验证和领悟，而人云亦云地说些禅佛的经典故事以及话语，做出一副好像很明白、很得道的样子，其实已经走进了歧途。禅宗重顿悟，不立文字，直指人心，但能顿悟的人总是少数有慧根的人，普通大众往往喜欢卖弄，知道点什么了，就要显摆一下，生怕别人不知道，正所谓：“富贵不归故乡，如衣绣夜行。”所以“口头禅”开始是个贬义词。

随着语言不断发展变化，“口头禅”不再具备最初的意义了，它成了个人习惯用语的代名词。有些人常常不经过任何思考就脱口而出某一个或几个词，这就是现代所谓的“口头禅”。当然，口头禅也未必是完全不用心的，它背后也隐含着一些心理活动和影射作用。

中国历法周期暗合古巴比伦时间单位？week为什么翻译成“星期”？

星期，又叫作周或礼拜，是古巴比伦人创造的一个时间单位，也是现在制定工作日、休息日的依据，一个星期为七天。

古时候，巴比伦人把一个月分为4周，每周有7天，即一个星期。由日、月、火、水、木、金、土七个神每周各主管一天，因此巴比伦人每天祭祀一个神，每天都以一个神来命名。

古巴比伦人创立的星期制，在公元8世纪传入中国，但当时对社会生活没有什么影响，直到清代，英国基督教传教士来到中国，他们常在礼拜日进行传道祈祷，西方的星期日才在中国人心中留下初步印象。鸦片战争后，西方人大量进入中国生活和工作，他们按照本国习俗，在星期天休息娱乐，中国人才由好奇慢慢认同。

那么，中国人为什么想到用“星期”来翻译week呢？说起来，还是和数字“七”有关。

“星期”在中国古称七曜（yào），古代历法把二十八星宿按日、月、火、水、木、金、土的次序排列，七天一个周期，每天有一个代表星体，所以称为“星期”。因此，西方的week概念传入中国，聪明的古人就找到相对应的“星期”来翻译它了。

“星期”这个词，还有其他含义，但常常和数字“七”相关。在古代，“星期”还特指农历七月初七，也就是牛郎织女相会的日子。相会时，由喜鹊为他们架桥。而这一天也是人间女孩子的节日，她们祈求自己也能像织女那样心灵手巧，也祈祷能拥有称心如意的婚姻，这一天又叫七夕节，因为女孩们有“乞巧”的传统，也叫乞巧节。七月初七鹊桥相会，便是“星期”，也有人将这个日子称为“佳期”。

形容时间很快叫“马上”，是因为马跑得快吗？

有时候别人让我们做一件事，我们会回答“马上”，意思是“很快”。可是脱口而出的时候，你有没有觉得奇怪？自己或许从未骑过马，为什么回答“很快”要说“马上”呢？

据说，“马上”这个词的确是跟马有关的。它的来历有很多种说法。

第一种说法和古代一位将军有关。古代有一个大将骑马行路，却突然接到消息说皇帝病危，他听了之后没下马就直奔京城。所以后人用“马上”代表“立即”的意思。

第二种说法认为，在古代，马是最快的交通工具，可以顺利快速到达目的地，成为很多人首选的交通工具。一个人在“马上”就代表做好了出发的准备，所以才用“马上”表示很快。

“马上”表达“立刻、赶快”的意思，见于元代杂剧《陈州粜米》：“爷，有的说就马上说了罢！”

“对牛弹琴”这件事真的有人做过吗？

春秋时期，鲁国有个非常著名的音乐家叫公明仪。公明仪极善弹琴，优美的琴声从他手下流出，听众便会如痴如醉。

一年春天，公明仪带着琴去田野中散步。他发现远处有一头牛正在吃草，对他的到来不闻不问。他忽然有了奇思妙想：如果为这头牛弹上一曲，它会听得进去吗？这样想着，他架好琴，拨动琴弦，便在田野里弹奏起来。他弹奏的这首曲子十分高雅，叫《清角之操》。

这样美妙的琴声，如果人听了，多半会沉浸其中，难以自拔。然而田野中的这头牛却依然低头吃草，时不时还甩动一下尾巴，根本不理会公明仪的个人音乐会，更谈不上领会曲子中的美妙意境了。

公明仪尽心尽力，一曲奏完，看到眼前这头牛如此无动于衷，实在无奈。他想了想，又有了新主意。于是，他再次拨动琴弦，弹出一段段奇怪的杂乱的声音，一会儿像苍蝇在嗡嗡乱飞，一会儿又像迷路的小牛犊发出的叫声。这一下子倒吸引了牛的注意，它居然停止了吃草，抬起头，竖起耳朵，认真地倾听起来。

后来，人们就用“对牛弹琴”来比喻对愚蠢的人讲深刻的道理，或对外行人说内行话，白白浪费时间。当然，如果有人评价说话者在“对牛弹琴”，那么这话的重点就不是在说听话的人愚蠢或者外行，而是在讥讽说话者不看对象了。

百货商店里的东西肯定不止一百件，为什么不叫千货、万货、亿货商店呢？

话说清朝乾隆年间，江北有家名叫“日日兴”的杂货店，货品丰富，生意十分兴隆。于是，掌柜的不禁得意忘形起来，把原来的招牌取下，换上了“万货全”的招牌。

一天，店里进来了一位气度不凡的客官，开口要买一把粪杈子。粪杈子是一种常见物件，人们在放羊、放牛、放马时，用来随时铲走牲畜的大便，以保证路面的整洁。伙计听了，便给客人递过来一把。没料到，这位客官却说要的是黄金打造的粪杈子。伙计傻眼了，谁会用黄金打造粪杈子呢？这个人是来找茬儿的吧？便只能回答说没有。这位客官听了，冷笑着问：“你这不是‘万货全’吗？”

掌柜的察言观色，知道遇到了贵人，立刻让伙计摘下“万货全”的招牌，还客客气气地请客官给店铺赐个名号。这位客官也不谦虚，便说道：“就叫‘百货全’好了。”于是店铺就换上了“百货全”的招牌。

客官走后，掌柜的便打听起来，才知道来人是微服私访的乾隆皇帝。这事儿在江南江北一时传为佳话，于是远近铺子纷纷以“百货”为名。“百货商店”这个词就这么用起来了。

这里的“百货”并不是实指一百种货物，而是一个概数，指各种货物。除了“百货”，还有“小百货”的叫法，“小百货”则指日常生活中用的轻工业和手工艺产品。

为什么很多和财物有关的字如“赚”“赔”“赢”“财”等，都有个“贝”字旁？

大约在夏代，本来用于装饰的贝壳成了最早的货币。

古代的人们为什么会把现在海边到处可见的贝壳作为货币呢？一是因为古代生产力落后，交通很不便利，从内陆到海边捡贝壳要走很长时间，不是每个人都能去，所以，坚固耐用的贝壳在当时是一种稀罕东西。二是由于贝壳本身小巧玲珑，色彩鲜

艳，很受人喜欢，古人喜欢将贝壳佩戴在身上，有时是身份与地位的象征，只有王公贵族才能用得起。有个故事能很好地凸显贝壳的重要性。据记载，周文王被商纣王囚禁以后，文王手下有个大臣想到了一个营救办法，他派人到海边收集贝壳，然后把它们作为礼物赠送给纣王，纣王看到贝壳后十分高兴，竟然释放了周文王。由此可见，人们当时真的把贝壳视为珍贵的财产。所以，当商业发展起来后，贝壳便被人们当作货币使用了。

当然，不是所有贝壳都会被当作钱用。有关资料证明，作货币用得最多的是一种产于南海的齿贝，学名为“货贝”。据考证，货贝在殷商时期至少有以下四种职能：价值尺度、流通、贮藏和支付手段。

“贝”是个象形字，它的甲骨文字形为，因为古时候以贝壳为货币，又用作装饰，所以“贝”字旁的字多与钱财宝物、装饰品或贸易商品有关，如“赚”“赔”“账”“购”“货”“贪”等。

衣字部(衤)和示字部(礻)长得很像，它们是亲戚吗？

衣字部(衤)和示字部(礻)长得很像，那么怎么区分这两个部首呢？首先，从字形的角度来看，“衤”比“礻”多，这是最简单的区分方式。其次，从字义的角度看：笔画多的“衤”同“衣”，用作偏旁，顾名思义就是表示衣服了，带这个偏旁的字往往跟衣服有关，如“衬”“衫”“裤”“裙”等；而笔画少的“礻”同“示”，“示”是“神”的本字，代表祭祀时用来发祭品的台子，所以，从“示”的字一般与神（包括对神的崇拜活动和心理）有关，如“祈祷”二字，就是表示用祭祀品来祭拜上天，祈祷收成等。

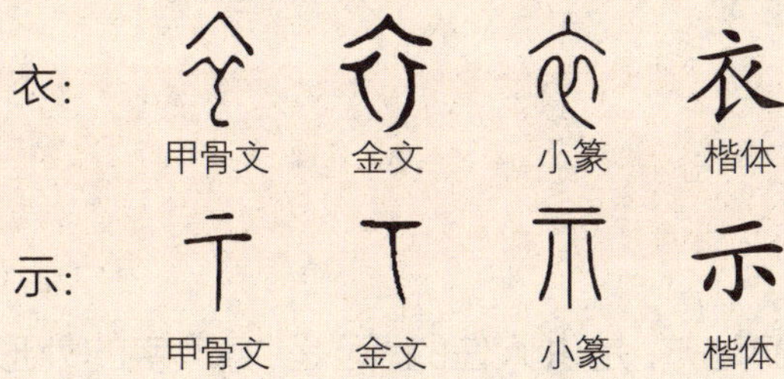

有人说，古代诗人如果穿越到现代，会听不懂今人吟的诗，这是为什么？

古代声调其实和现代普通话的声调有很大不同。

现代普通话有四声，第一声（阴平）、第二声（阳平）、第三声（上声）、第四声（去声）。这四声都能在古代声调系统里找到对应的音调，但是现代普通话的四声，却不能囊括古代的所有声调。为什么呢？

原来，古代汉语声调分平、上、去、入四声。按传统的说法，平声是平调，上声是升调，去声是降调，入声是短调。所以，古代的声调系统是由五声组成的。

对应现代普通话来说，古代平声这个声调在现代汉语中分化为阴平和阳平，古代上声这个声调在现代汉语中一部分变为去声，一部分仍是上声。古代去声这个声调在现代汉语中仍是去声，即第四声。但古代入声这个声调在现代汉语中已经不存在了，变为阴平、阳平、上声及去声里去了。

而在古代诗词里，入声声调恰恰运用得非常普遍和频繁，入声是短音，有顿挫之感，常用来表达痛苦、愤懑（mèn）或强调、急促之意。

如王维的《鸟鸣涧》：人闲桂花落，夜静春山空。月出惊山鸟，时鸣春涧中。据研究吟诵的专家解释，这首诗一共有三个入声字："落""月""出"。"月出"两个入声字连在一起，顿挫感非常强，好像敲击之声，有突然而来的感觉，所以后面用"惊"字。如果前面不是入声字，月亮好像慢慢出来，就不会"惊"到"山鸟"了。而我们用现代普通话读诗词，根本读不出它们在当时的感觉和韵味。所以，穿越要小心，这句话也要送给古代人。

"家"是人住的地方，可是"家"字下面为什么是表示猪的"豕"呢？

"家"是人们遮风避雨的地方，是供人住的。可是"家"字的外形却有些让人难以理

解，它的上半部分是“宀”，代表房子；而下半部分却是“豕（shǐ）”字，“豕”是“猪”的意思。这就奇怪了，“家”是人住的地方，又不是猪圈，怎么“宀”下没有“人”，却有“猪”呢？

其实，“家”的写法跟古人的生活习惯有关系。远古时代，生产力低下，人们还不会种植农作物的时候，狩猎是主要的生活来源，而狩猎的偶然性很大，人们常常吃了上顿没下顿，就想办法饲养牲畜。据考证，猪是较早被驯化的动物之一，在半坡遗址中就有残留的猪骨形象，这应该是原始的家猪。猪被饲养是为人类提供食物，而且一般是在人们居住的地方饲养，不会像狩猎那样四处游荡。有了饲养的家畜，食物能得到保证，生活才能安稳。所以，有了猪，家才算一个真正的“家”。

表示“唱歌”的“哥”为什么变成了对兄长的称呼？

“哥”的本义是“唱歌”，它是如何演变出其他含义的呢？

据考证，唐朝时，“哥”演变出“父亲”的意思。《旧唐书》里记载，玄宗就称呼自己的父亲为“四哥”，而玄宗的儿子李琰也称玄宗为“三哥”。但有意思的是，玄宗又称呼李宪（睿宗长子）为“大哥”，这里的“哥”又是兄长的意思了。除了王室，普通百姓在这方面的称呼也有记录，白居易在《祭浮梁大兄文》中也以“哥”称兄。由此可见，当时“哥”是兼指“父”和“兄”的，这种用法如今还在山西的平遥、文水等地方言中保留着（读音略有区别）。

“哥”的使用会出现这种情况可能跟民族融合有关系。经过南北朝和唐代的两次民族大融合，许多少数民族融入汉族，北方民族的一些习俗称谓也潜入汉语。从鲜卑语来看，父与兄都可以用“阿干”这个词来称呼。所以，我们可以推测，在北魏时这种称呼习惯慢慢渗入汉族，经过一段时间的融合，变为汉语中的词。“哥”在后世已经汉化，成为完全汉语化的形式。

随着语言的逐渐演化，现在“哥”是普遍对兄长的称呼了，几乎遍及所有方言，“兄”也变得没那么常用了。当然，“兄”和“哥”也各有分配，“兄”比较书面化，“哥”“哥哥”及“阿哥”则比较口语化。现在，“兄”有时还是一种对男性朋友的尊称，如“仁兄”“兄长”等，对一些辈分相同或年轻的陌生男子说话，也会说“大兄弟”等，称呼年纪比自己小的男子，为表示亲切，也说“兄弟”“小兄弟”等。

我们常用“正”字来计票数，为什么不用其他字呢？

用“正”字来计票数的办法是由旧时戏院中的司事们（记账先生）记“水牌账”演变来的。

清末民初，上海等一些大城市的戏院（俗称茶园）很有意思，它们竟然没有门票！当然，戏院不是慈善机构，不会免费给你听戏喝茶，那么，它们是怎么收钱的呢？原来，那时候的舞台大多是正方形的，座位分为楼下正厅、楼上“花楼”、左右包厢等，达官贵人们自然预先包下位置好、显身份的座位，进戏院自有人专门招待。那么下等坐席就不一样了，位置偏远，而且都是条凳长桌，来的人也不能随便乱坐，由案目（戏院的服务员）在大门口招呼，凑够五位才能入座。案目每领满五位，司事先生就在大水牌（类似黑板）上写一个“正”字，并标明此案目的姓名。之后，案目再负责计数、收费，到散场结账时，就会准确无误。

随着戏院门票的兴起，这种记“水牌账”的方法后来被废弃了，但在民间，它作为一种简明、易懂的计数方法一直流行，因为容易监督，在普通选举计票中使用也很方便。

“笨”的本义是“竹子的薄膜”，为什么后来变成了表示“不聪明”？

在《说文解字》中，“笨”的解释是：“笨，竹里也。从竹，本声。”原来，“笨”是指

竹子里面那一层白色的薄膜，像纸一样又薄又白，又叫竹白。

在古代，“竹白”还是一种造纸的原材料，竹白造的纸张不同于早期造纸那么粗陋，它比较精致，因此后来的史书要写在这样的纸上。随着时间的推移，人们就把史书称为“竹白”，即“笨”。

“笨”字从名词转变为形容词，从一种造纸原料转变为后来的“愚蠢”“不聪明”，是从魏晋时期开始的。据《晋书》记载，有四位大臣通过评比，选出了当时的“四伯”：谷伯、笨伯、猾伯、琐伯。其中的“笨伯”不是指“竹子伯伯”，而是指“大肥”之人，这些人身体肥大，行动不灵巧，看起来很笨重。所以，这里的“笨”是笨重的意思，与本义相去甚远，连词性也变为形容词了。当然，这时的“笨”仅指笨重，跟智商低下还没有联系起来。

到了东晋时期，“笨”字才有了智商低下的意思。据说，这个字的意义转变是道教领袖葛洪提出来的。有一次，葛洪的门人向他请教：“天下的恶人可分为几种呢？”葛洪列举出十种恶人，包括“悖人”“逆人”“虐人”“笨人”等。葛洪所说的“笨”人，是指那种见识浅陋，谬误百出，又不懂得善恶得失的人。这种人当然是愚蠢的人。直到这时，“笨”才和智商挂起钩来。

甲骨文中就有“囧”字？它的含义与现在一样吗？

“囧”字很形象，它的形状就像一张沮丧的人脸：“口”可以看作人脸的轮廓，“口”里的“八”是两道因沮丧或悲伤而下垂的眉毛，“八”字下面的“口”则是受委屈而张开的嘴。所以，作为表情，它常常表示郁闷、悲伤、无奈或极为尴尬，有时也形容一个人行为猥琐。另外，“囧”字的发音和表示窘迫的“窘”一致，更使得它成为表达“沮丧”的绝好代名词。

其实，“囧”是一个古汉字，读jiǒng，在甲骨文中已经有了。在《说文解字》中，它解释为“光明”。唐代诗人韩愈在诗中用过这个字，其《怀秋诗十一首》有“虫鸣室幽幽，月吐窗囧囧”的句子，“囧囧”在这里通“炯炯”，意思是窗户明亮。

看一下“囧”字的字形演变，我们就知道这是一个标准的象形字，是古人早已创造好了的：

囧：

甲骨文　　金文　　小篆　　楷体

为什么我们把错别字叫作“白”字而不是“黑”字呢？

其实，错字和别字并不是一回事。错字，就是将字写错了，在笔画、笔形和结构上犯了错误，如把“染”右上角的“九”写成“丸”，“贰”右上角少个点等；别字，就是张冠李戴，本该用某个字，却写成另外一个字，如“诸侯”误写成“诸候”等。

其实，错别字叫“白字”跟字的颜色没有关系，倒是跟它的读音关系密切。“白”在古代是“别”字的通假字。一般来说，同音字或近音字相互通用或假借，称为通假字。通假字有三种情况：同音通假、双声通假、叠韵通假。“别”和“白”两个字的声母相同，属于双声通假字。因此，人们就将“白”字与“别”字通用，再后来，“白”字也就代表“别字”变成错别字的总称了。

因此，“白字”不是今天的特产，而是很有历史渊源了。有关“白字”的笑话流传颇远，有一个笑话是这样的：唐玄宗时期的宰相李林甫，他有个小舅子喜添贵子，为了庆贺，李林甫就写了“闻有弄獐之庆”几个字赠给小舅子。这本来是件好事，但没有想到堂堂宰相大人，竟然写了错别字。我们知道“弄璋之喜（庆）”是庆贺别人得了儿子，璋是一种玉，古人把璋给男孩玩，希望他的品质像玉一样。“弄獐之庆”算什么呢？獐是一种兽类，说人家生孩子是“弄獐之庆”，这不是骂人吗？更可笑的是，因为李林甫有权有势，在场的人当时都不敢说什么，但背后就窃笑不已了。李林甫也从此被冠上了“弄獐宰相”的大名。

我们现在从左到右横着写字，为什么古人却从右到左竖着写？

原来，这与古人的书写习惯和书写工具是大有关系的。在造纸术发明以前，古人主要在竹木简牍上写字。竹木简牍是一些竹木片，用皮绳串起来，这样便于卷成册存放。因此，古人写字也就自然而然地按自上而下的顺序来写了。

另外，因为古人在打开卷册的时候，习惯于用右手拿着卷册的一端，左手将其展开，这样比较方便。所以，也导致了书写习惯是从右往左了。

其实，汉字书写的自上而下，自右而左，也反映了古人的尊卑思想。在古代，上为君，为父母；下为臣，为子女。右为大，左为小。“无出其右”就是没有能超过他的意思。所以，这种书写习惯其实也是古人精神内涵的反映。

那么，现代人为什么要从左到右横着写字呢？

1917年，新文化运动前夕，语言文字学家钱玄同写给陈独秀一封公开信，信里就说了从左到右横着书写的好处：首先，人眼是左右分布的，横着去看东西，自然觉得省劲，比低头抬头去看方便多了，从这一生理角度来说，横着写比竖着写容易；而且，我们一般用右手写字，写单个字的时候也都是从左到右，这一点，中西都是一样的，很少有从右到左的。所以，汉字从右边开始竖着写，其实是个笨法子，若是西方的文字也照我们的老规矩，肯定排不整齐，也很不方便了。陈独秀也赞同钱玄同的看法，但在几千年的文化习惯面前，他们的主张没有得到广泛支持。

直到后来，新文化运动逐步兴起，《科学》杂志因为要对外国人的数学算式、物理公式和化学方程式进行排版，过去竖着写的书写方式实在无法适应这种情况，就改为“横行”了。这个改变带动了越来越多的刊物，后来的课本、报纸也渐渐使用“横行”，于是汉字就改横写了。

为什么把“110”读成“幺幺零”，而不读成“一一零”呢？

原来，这种特殊的数字读法起源于战火纷飞的年代。

战争年代，一个部队的士兵来自五湖四海，说起话来也南腔北调，很难统一，一不小心就容易发生误会。比如，一些南方士兵把“2”读成nì，这让北方人摸不着头脑。为了避免混乱，通信兵就把“2”读成普通话里的“两”，这样大家就明白了。同样，因为“0”有后鼻音，对南方人来说也是个难以攻破的障碍，于是按它的长相把它念成“洞”。这都是因为地域不同、发音不同，为了进行统一而造成的数字的特殊读法。

除此之外，还有一个更重要的原因，是与战争的特殊情况有关的。

原来，战场上噪音很大，通信兵在枪炮声中进行通信，如果发出的声音太小了，对方可能听不清楚。所以那些发音小、清晰度低的数字发音就被抛弃了。在汉语韵母中，“i”的清晰度最差，如果把“1”念成“一”，对方可能根本听不清楚，而如果把“1”念成“幺”，那传达信息的准确度就提高了。汉语里的“幺”指小的意思，所以把“1”读成“幺”是能够得到理解的。

这些战争中遗留下来的习惯，也逐渐深入民间。现在普通话日渐普及，这套特殊读音很难在正式场合派上用场了。但“110”读成“幺幺零”却保留了痕迹，在这里，“0”已经不读成“洞”了，“1”还是读成“幺”。一是因为声母“i”的发音问题一直存在；二是因为“1”是生活中最常用到的数字，人们读成“幺”已经习惯了。这就是“幺幺零”和“幺幺九”的来历。

我们今天都要学说普通话，古人也说“普通话”吗？

事实上，中国历朝历代跟现在是一样的，既有各地的方言，也十分重视语言的统一，因此，就出现了一种名为“雅言”的共同语。《辞海》对“雅言”的解释是：古时称“共同语”，同方言对称。所以，“雅言”就是中国最早的古代通用语。

据史料记载，中国最早的“雅言”是周朝的国都丰镐（今陕西西安）地区的语言。

当时，周朝采取分封制，周王室把亲戚分到各地，成为诸侯国，于是王公贵族便把“雅言”带往各地，并在全国逐渐传播开来。“雅言”能让不同地方的人互相沟通，孔子在鲁国讲学，用的就是“雅言”。要知道，孔子的三千弟子来自四面八方，不用“雅言”还真不好讲学呢。《论语·述而》中说：“子所雅言，诗、书、执礼，皆雅言也。”可以说，孔子是中国推行“普通话”的先驱。

周朝的“雅言”被秦朝继承，并被当作官话在全国使用，西汉、东汉也不例外。虽然随着各朝国都不断迁移，“雅言”的基础方言也不断随之修正，但多数仍以政治经济繁荣的京城的语言为标准，这就是所谓的“官话”“京腔”。元代以后，由于京城多设在北京，于是北京方言便很快成为全国通用的“雅言”了，最终逐渐演变成现在的“普通话”。

为什么我们说“老虎”“老鼠”，而不说“虎子”“鼠子”呢？

原来，古时候的人们对“虎”和“鼠”是很畏惧的。那时候，老虎可不会老老实实待在动物园里等着你观赏，发起威来是要人命的，武松为什么那么有名，因为他打的是老虎！

人们也常常用“虎”来象征威武勇猛。如“虎背熊腰”形容人身体魁梧强壮；“虎将”比喻英勇善战的将军；“虎步”指威武雄壮的步伐；“虎威”指威武的气概。

至于“鼠”，虽然个头小，也让人们很头疼。《诗经》里早就抱怨说“硕鼠硕鼠，无食我黍”，意思是“大老鼠啊大老鼠，别吃我的粮食啊”，可见对老鼠的愤恨。老鼠不仅偷粮食，乱咬东西，还会传播鼠疫，让人忧虑，这也就怪不得有句俗语叫“老鼠过街人人喊打”了。

对自己害怕的东西，古人普遍采取了“敬而远之”的态度。于是，他们在这些事物前加一个“老”字，以表示敬畏和不敢得罪的意思。

我们把双方意见不同叫相“左”，为什么不是相“右”呢？

“意见相左”是表达观点不同的一个常用词语，这里的“左”是相违、相反的意思，这个意思的产生与左右的差异有关。

比如，人的左右手就大有不同。一般人右手灵活机巧，做事情顺畅有力，不仅写字、拿筷子习惯用右手，平时提重物也是右手比较靠谱。相比之下，左手就笨拙多了，除了左撇子和少数左右手差不多灵活的人，大部分人的左手都不能用来做写字、拿筷子这样较精巧的动作，显得很不利落。

既然右手方便，让自己觉得顺畅，而左手笨拙，让自己用起来不够舒心，古人就自然而然地用“右”来表示帮助、亲近，用“左”来表示相违、反对。用唐代学者孔颖达的话来说：“人有左右，右便，而左不便，故以所助者为右，不助者为左。”

因为具有“反对”的意思，“左”后来便逐渐引申为事情、意见的相违、相反，后来干脆约定俗成地使用“相左”来表达意见相违。

成语“运斤成风”中的“斤”是表示500克的重量单位吗？

“运斤成风”来自《庄子》中的一个故事。有一次，楚国国都郢（yǐng）有一个人，弄一点白灰涂在自己的鼻子尖上，就像苍蝇的翅膀那样薄薄的一层，然后让一个名叫石的能工巧匠把这块白灰砍去。巧匠对准鼻尖就要去砍，众人都吓得闭上了眼睛，而等睁开眼的时候，这一斧头已经剁了下去，再看这个郢人，面不改色地站在那里，神情自若，鼻尖上的白灰已经被砍掉了，鼻子却没有受到一点伤害。众人纷纷叫好。后来，宋国的国君听说了这件事，就派人把这个巧匠召来，让他再次表演一下这一高超的技艺。巧匠回答道：“我以前的确能够削掉鼻尖上的白灰，现在却没法表演了，因为跟我搭配的伙伴已经死去很久了。”这个故事显示了巧匠高超的技艺，也暗示一个配合默契的合作伙伴的重要性。

在“运斤成风”这个成语中，“运”是挥动的意思，“成风”就是像风一样呼呼作

响。结合上下文，我们能猜出“斤”是石匠最常用的工具——斧头。“运斤成风”就是挥舞斧头，呼呼作响的意思。

我们先来看看甲骨文“斤”字，它像一把曲柄的斧头，斧头上加箭头表示它的锋利。“斤”的本义即指斧头，是砍伐的工具。只不过到了后来，“斤”字就被人们“借去”表示重量了，借去的时间久了，人们就渐渐忘记了“斤”本来的意思了。但是“斤”作为斧头的意思，在很多汉字里面有明显的体现。最直接的例子就是“斧”，这是一个上下结构的形声字，上半部的“父”表示读音，下半部的“斤”表示意义，即斧头。

斤：甲骨文 金文 小篆 楷体

为什么用“吹牛”来形容说大话，而不是“吹马”“吹猪”或者吹别的动物呢？

吹牛，现在指说话不根据事实，夸大话的内容。而“吹牛”最早还真没有浮夸、夸大的含义，并不是贬低牛。“吹牛”最早出自西北方言，因为西北河流湍急，船很难通行，而西北牛羊众多，人们就想出一条妙计，将若干牛皮或羊皮袋吹成气囊，做成皮筏子，扎好口后连接成筏，作为渡河的工具。

具体怎么吹呢？首先，人们在宰杀牛羊的时候，剥下牛羊的整张毛皮，然后再脱毛、涂油、浸水、曝晒，使得整张皮变得松软了，就用细绳将其缝制成袋状，只留一个小孔，然后就剩下充气了。

当然，在古代是没有打气筒的，要想将羊皮袋、牛皮袋灌饱气，就只能靠嘴吹了。这可不是个轻松活儿，一定是要体格强壮、肺活量很大的人才能吹得起来。至于体积较大的牛皮袋，必须得好几个人接力，轮流往牛皮袋里吹气，才有可能灌满气。

因此，如果有人说他能吹起牛皮袋，没人会相信，都会认为他是在说大话。而对喜欢夸口炫耀自己的人，人们往往会说：“你要真有本事，就到黄河边上去吹牛皮好了！”从此，“吹牛（皮）”就成了“夸口说大话”的代名词，并逐渐流传开来了。

关于吹牛，还有一种说法跟游牧民族的生活息息相关。游牧民族主要靠放牧为生，最重要的财产是牛马，大家聚在一起聊天，难免要说说自家得意的牛马。说着说着，保不住就要夸大一番，久而久之，“吹牛”的说法就流传开来了。

“万里”很远，为什么又说“不远万里”呢？

其实，“不远万里”绝不能等同于“万里不远”，它不过是使用了一种特殊的修辞，表达的意思是“万里很远，但不认为万里远”。

说起来，“不远万里”是很古老的用法了。在《孟子》里，就有一句“不远千里而来”，这里“不远千里”和“不远万里”用法相同，意思也一样。“远”本身是形容词，在这里当动词用，是意动用法。“不远千里”就是“不以千里为远”，“不远万里”是“不以万里为远”。

这种用法并不少见。例如：在《孟子》中，有一句“孔子……登泰山而小天下”。这里的“小”，就是“以天下为小”，认为天下小了。“小”本来是形容词，在这里当动词用，也是一种意动用法。

在古诗词里，形容词作动词的例子就更多了，如我们熟悉的王安石的著名诗句“春风又绿江南岸”，其中“绿”也是活用为动词“使绿”，这句诗是说春风使江南两岸变得一片葱茏碧绿。据说这个“绿”字是王安石改了几十次才选定的，之前用“到”“过”“入”“满”，都无法表达出这种效果。

马和虎是两种很厉害的动物，为什么“马虎”表示一个人做事不细心呢？

古时候有个画家，作画喜欢随心所欲，常常让人不懂他画的是什么。有一次，画

家正在画老虎，他刚画完老虎的脑袋，碰巧有人来请他画马，于是他在虎头后画了一匹马的身子。那人问他画的是马还是虎，他回答："马马虎虎。"结果那人没有要这幅画，他便将画挂到了墙上。大儿子看到画，问他是什么，他说是虎；二儿子问他，他说是马。

有一次，大儿子打猎的时候，把人家的马当成老虎打死了，结果他赔给人家好多钱。而他的小儿子外出的时候遇到了老虎，以为是马，结果被老虎咬死了。伤心欲绝的画家写了首诗自责："马虎图，马虎图，似马又似虎，长子依图射死马，次子依图喂了虎。草堂焚毁马虎图，奉劝诸君莫学吾。"从此，"马虎"这个词就流传开了，代指人们做事不细心，疏忽大意。

"破天荒"指第一次，这种说法是从哪里来的？

"天荒"是什么东西？为什么我们会用"破天荒"来形容从来没有出现过的东西呢？

原来，"天荒"并不是一种东西，它本来是指一种状态。比如盘古开天辟地之前，天地混沌，这种原始状态，我们就叫"天荒"。盘古开天辟地，破除了这种混沌状态，世界就像新生长出来一样，具有崭新的意义就称之为"破天荒"。

"天荒"还指荒凉而落后的地区。唐朝时，人们把偏远荒凉的荆南地区称作"天荒"，意思是指那里封闭落后，几十年科举考试都没有一个人金榜题名。后来，唐宣宗大中四年，有个荆南地区的考生终于考中了进士。这个考生叫刘蜕，他的考中是真正的"破天荒"，产生了巨大影响。当时，魏国公崔铉镇守荆南一带，得知刘蜕考中进士，便写信表示祝贺，并赠他70万"破天荒"钱。刘蜕不肯接受崔铉的钱，他回信写道："五十年来，自是人废；一千里外，岂曰天荒。"

从此，"破天荒"便常被用来形容文人突然扬名得志。后来，便渐渐指从未有过或第一次出现的新鲜事。

“朝三暮四”比喻一个人常常变卦，反复无常，为什么不说“朝五暮六”呢？

“朝三暮四”的来历和一个故事有关。战国时，宋国有一个老人特别喜欢一种叫“狙”的动物，“狙”也就是猴子。跟咱们养宠物一样，他在家里也养了大大小小的一群“狙”，人们都称他“狙公”。可是，随着他家的狙越来越多，家里的粮食供不应求，于是他就打算限制给狙的口粮。第二天，他就把家里所有的狙召集起来开会，商讨减衣缩食的问题。一开始，狙公拿出来自己的意见：早上三颗橡子，晚上四颗橡子，大家觉得怎么样啊？众狙一听，怎么早上才三颗橡子啊，这怎么能够吃呢？于是群情激愤，一个个龇牙咧嘴，上蹿下跳，站起来起哄抗议。狙公赶紧拿出他的第二套方案：早上四颗橡子，晚上三颗，这样总可以了吧？众狙一听，哎，早上多加了一颗橡子！不错不错。于是大家都心满意足地接受了这个方案。

这个故事是《庄子》中的著名寓言，也给我们留下了一个成语——“朝三暮四”。这个成语本来指跟狙公一样玩弄手法欺骗人，后用来比喻常常变卦，反复无常。无论朝三暮四还是朝四暮三，众狙所得到的橡子都没有增加或减少，我们要善于透过现象看清本质，不要被不同的形式所迷惑。

为什么把双方争论不休，谁也不肯服输的情况叫作“抬杠”呢？

其实，“抬杠”二字本来跟争论没有关系，这就要从中国北方一个叫“抬杠会”的习俗说起。

在中国北方，每年农历正月十五元宵节这一天，都会举行“抬杠会”，由身强力壮的人抬着竹杠，竹杠上面有轿子，里面坐着一个伶牙俐齿的小丑。轿子被抬着在人群里穿梭，围观的人就和小丑比赛斗嘴，这种斗嘴不一定有什么实质性的内容，也说不好谁对谁错，是一种口头功夫，具有随机性，充满了语言上的花巧。小丑寡而敌众，也

算是能人了。这种“抬杠会”成了“抬杠”一词的起源。

“抬杠”常常在通俗小说里出现，使用的形式也灵活多样，比如《红楼梦》里有一句：“三人抬不过个理字去了。”这里的“抬”便出自“抬杠”，意思是说纵使三个嘴巴狡猾的人在那里东拉西扯地“抬杠”，也不能将无理说成有理，“理”是最大的。

其实，“抬杠”发展到现在，是一种借着机灵巧诈的嘴上功夫指责别人，同时也逃避别人指责的文化习惯。“抬杠”没有任何建设性，纯粹是口水浪费，东拉西扯，似是而非。所以，如果有人说你在“抬杠”，你就要警醒了，对方是在指责你呢！

为什么一个人不遵守诺言叫“食言”？难道语言能吃吗？

原来，“食言”是有典故的。据《左传》记载，春秋时候，鲁国大夫孟武伯总是不信守承诺，让国君鲁哀公十分不满。有一次，鲁哀公举行宴会，孟武伯也来了。席间，孟武伯见另一个叫郭重的大臣也在座，不由得心里泛起了一阵嫉妒，因为郭重向来很受鲁哀公器重，孟武伯早就看他不顺眼了。过了一会儿，孟武伯便想借着给鲁哀公敬酒的机会，顺便羞辱一下郭重：“您最近吃了什么？长得这么胖啊？”

郭重的确长得很胖，孟武伯虽然是人身攻击，倒也是有的放矢。没想到，他这一出击一下引起了鲁哀公的厌恶，鲁哀公不等郭重说话，便替他回答道：“是食言多矣，能无肥乎！”这话不仅将孟武伯的攻击轻松消解，反过来还讽刺了孟武伯的言而无信，虽然不是明说，反而比明说更为巧妙。孟武伯听了，顿时面红耳赤，没有更好的话回复，不由得万分难堪。

“食言而肥”这个成语即源于此，主要用来形容一个人说话不算数，不守信用。如果你要表示自己坚决履行诺言，说话一定算数，就要说“决不食言”。

相似为什么叫“雷同”，而不是“雨同”“雪同”呢？

“雷同”多用来批评那些十分相似，缺乏新意，千人一面的作品，那为什么相似叫“雷同”而不叫“雨同”“雪同”呢？难道这个词真的跟打雷有关系吗？

这个词确实是跟“雷”有关的。我国古代有个说法，打雷时，万物都会同时响应，这个说法在《礼记》中就有记载：“毋剿（chāo）说，毋雷同。”意思是说，打雷的时候，万物惊惧，都产生了回声，但做人不能这样，应该用自己的心去判断事情的是非，不要拿别人的话当自己的话，也不要随便就随声附和别人。所以，“雷同”这个词还有“随声附和”“人云亦云”的意思。

“滑稽”为什么从一种流酒器变成了形容令人发笑的人和事？

“滑稽”最初是指一种流酒器，即酒注子，后世俗称“酒过龙”。“滑稽”用来往杯中斟酒，因此里面的酒一直都是满的，于是有人这样说它：“俳优之人出口成章，词不穷竭，如滑稽之吐酒不已也。”意思是说，演滑稽戏的艺人言辞丰富，层出不穷，就像酒注子里面的酒一样总是满的。

这个词的含义后来不断演化。战国时期，屈原在《楚辞》中控诉道：“突梯滑稽，如脂如韦。”在这里，“突梯”是委婉顺从的样子，“滑稽”是圆滑随俗的样子，“脂”“韦”指油脂和软皮。这句话是说，贵族大臣们就像油滑的脂韦一样，对国君婉转顺从，阿谀奉承。

到了西汉，“滑稽”开始呈现出现代词义。《史记》中有一篇《滑稽列传》，是专门记载诙谐的人的传记，其中说到有个入赘齐国的大臣淳于髡，他“滑稽多辩”。这里“滑稽”是指淳于髡言语诙谐，和“滑稽”的现代意义相仿。

“滑稽”可以作为形容词来使用，也可以分开来使用，比如“滑天下之大稽”，有人认为这是个病句，其实这种理解是错误的。“滑天下之大稽”的句式和“乱天下之大同”类似，是符合“滑稽”的词义而进行的灵活运用。

“桃李满天下”常用来形容老师培养的学生遍布各地，学生为什么被称为桃李呢？

春秋时期，魏国有个名叫子质的大臣，做官得势的时候曾推荐过许多人。后来因为得罪了魏王，子质丢了官，独自来到北方。子质在北方遇到了简子，并向简子诉苦，说自己培养了那么多人，在危难时却没有人帮助他。简子听后笑着对子质说：“春天种了桃树和李树，夏天就可以在树下乘凉休息，秋天还能收获果实；可是，如果春天种下的是蒺藜，到夏天就不能利用它的叶子乘凉了，秋天长出的刺也会伤人。你过去培养的人都是不值得举荐的，所以，君子培养人才，和种树是一个道理，要选择正确的对象啊。”

后来，人们就用“树人”来表示培养人才，而被培养出来的人才就叫作“桃李”，因此，老师教出来的学生也就被称为“桃李”了。

与桃李相关的还有杏坛，即教书育人的地方。传说孔子经常在杏林里讲学，休息的时候就坐在杏坛上，于是杏坛就被称为孔子讲学的地方，也泛指聚众讲学的场所。北宋时，孔子的后代又在山东曲阜孔子祖庙筑坛，在周围种植杏树，名为杏坛。

成语为什么多数是四个字的？

成语绝大部分是由四个字组成的，这主要有以下几个原因：

一是《诗经》的影响，《诗经》以四字句为主，开四字诗歌的先河，如“巧笑倩兮，美目盼兮”“它山之石，可以攻玉”等，这些诗句对后世诗歌在句式、节奏、词汇等方面的影响是巨大的，现在的许多成语就直接出自《诗经》，如“七月流火”“窈窕淑女”等。

二是来自春秋战国时期诸子百家的语言。他们的文章大多是有韵的散语，字数并不规整，但经过加工润色，也是以四字居多，二字成语已经处于从属地位。如《庄子》中有一句话：“人生天地之间，若白驹之过隙，忽然而已。”由此产生成语“白驹过隙”。

三是古代其他文学作品及文论中，其句式的重要结构就是四字句，许多富有哲理性的名句被经常运用，就成了成语，如“黯然销魂者，唯别而已矣”这个名句，“黯然销魂”一词即由此而来。古诗词名句也衍生了很多成语，如“万紫千红总是春”产生出“万紫千红”成语。

四是四字在对偶韵律上占尽天机，在语义上足以包罗万象，在体积上又不显臃肿繁杂，如“前赴后继”“千山万水”等，所以人们喜欢使用，重复使用，传承不息就成了成语。

成语是一个有机的整体，组成成语的词，一般不能用其他意思相同或相近的词来替换，也不能前后颠倒。例如“不着四六”就不能改为“不着二三”“不着五七”。又如，“全神贯注地复习功课”，不能改成“全神地复习功课”或“贯注地复习功课”，更不能说成“贯注全神地复习功课”。

形容一个人喝醉了叫“烂醉如泥”，这里的“泥”是指泥土吗？

“烂醉如泥”里的“泥”并非是一堆烂泥。这个说法在很多作家的笔记里都有记载。比如南宋吴曾的笔记《能改斋漫录》中记载道：“南海有虫，无骨，名曰泥。在水中则活，失水则醉。”明朝著名作家张岱也在笔记《夜航船》中说：“南海有虫，无骨，名曰泥。在水中则活，失水则醉，如一堆泥。”原来，“烂醉如泥”的“泥”是一种虫子，它柔软无骨，在水里就好好的，一离开水就像喝醉了一样。

“烂醉如泥”这个成语最早出自《后汉书》，书中记载了一位叫周泽的官员，他是掌管宗庙礼仪的，为了以身作则，他常常斋戒后不回家，晚上在斋宫里过夜。有一次，妻子怜惜他年老多病，就忍不住来探望他。结果，周泽不仅不感激妻子的慰问，反而十分生气，以妻子触犯了斋戒期间禁令的名义，将妻子关到监狱去了。有人很同情这位可怜的妻子，就写了一首诗：“生世不谐，作太常妻，一岁三百六十日，三百五十九日斋，一日不斋醉如泥。”意思是说，这位妻子命不好，丈夫三百六十天里有三百五十九天在斋戒，好不容易有一天没斋戒，又喝得烂醉如泥。

有个成语叫“虚与委蛇”，“委蛇”二字应该读什么音？这是条什么样的蛇呢？

“虚与委蛇”这四个字都是常用字，却很容易念错，因为“蛇”字并不读shé，“委蛇”这个词读作wēiyí，也可写作逶迤，意思是蜿蜒曲折状，一般用来形容山川、道路、河流等弯弯曲曲、延续不断的样子。

那么“委蛇”是个什么东西？它是蛇？

“委蛇”确实是一种蛇，它是《山海经》里记载的一种奇特动物，人首蛇身，并且有两个头，身子是紫色的，头是红色的，它特别讨厌雷声，每次打雷都会呆立不动。传说，见过委蛇还能活下来的人，就能称霸天下。《庄子》里记载齐桓公曾见过延维（即委蛇），后来果然成为一代霸主。

成语“虚与委蛇”出自《庄子》，说的是列子的师父壶子和郑国神巫季咸斗法，壶子“虚而委蛇”，以虚招迷惑季咸，季咸没有识破，因此落荒而逃。在这个故事里，“虚而委蛇”用来形容壶子的高招，后来“虚而委蛇”就演变为“虚与委蛇”。

“委蛇”的“蛇”为何读yí呢？原来，“蛇”在上古时期写作“也”，读音为yí，“虚与委蛇”是一个保留了上古发音的成语。

“猴年马月”到底是指哪年哪月呢？

大概很多人以为，“猴年马月”根本就不存在，所以才会用来指事情不可能发生。事实上，“猴年马月”是有固定日期的。

首先，我们来看十二生肖。十二生肖作为独特的民俗现象，被我们的祖先拿来纪年。以现在作为基准，离我们最近的猴年是2028年。

其次，十二生肖还能用来纪月和纪日。我们要想知道马月是几月，就来看看每个月份的特定称呼吧。

农历正月，正是深冬季节，冰雪未消，寒风凛冽。山林中，百兽藏匿，唯听猛虎的狂啸，因此，这是属于虎的月份，被人们称为“虎月”。

农历二月，春风乍起，大地复苏，森林草地，都焕发了生机，也给食草类动物带来了食物，因此是属于兔子的月份，被人们称为“兔月”。

农历三月，这是一个多雾的月份，雷声轰轰，传说是神龙出没的季节，因此被人们称为“龙月”。

农历四月，草木生长，虫蛇蠢蠢欲动，从蛰伏到活跃，因此被称为“蛇月”。

农历五月，草木深茂，是骏马昂首奔腾的月份，因此被称为“马月”。

农历六月，和马月紧跟的，自然是遍野的羊群，因此被称为“羊月”。

农历七月，树木高大繁茂，适合群猴游荡嬉戏，因此被称为“猴月”。

农历八月，中秋时分，明月高照，适合杀鸡为宴，饮酒庆祝，因此又被称为“鸡月”。

农历九月，正是丰收季节，虽然喜悦，也要防盗，于是家养的狗就大展神威，因此这个月份被称为“狗月”。

农历十月，金风阵阵，肥猪满圈，因此被称为“猪月”。

农历十一月，已经是入冬了，老鼠都怕冷，钻到人的屋子里，因此这个月被称为“鼠月”。

农历十二月，天寒地冻，老牛归棚，因此被称为“牛月”。

由此看来，“猴年马月”就是指猴年里的农历五月，每十二年就有一次。离我们最近的下一个猴年马月就是2028年的农历五月。

犹和豫本是两种动物，为什么放在一起表示拿不定主意呢？

“犹”是一种长得很像麂（jǐ）的动物。麂是什么呢？它是鹿科的一种，四肢比较长，蹄子比较尖，奔跑起来很快，但胆子小。虽然二者长得像，但古人却把“犹”当猴子来看待，因为“犹”像猴子一样善于爬树，在岩石树木之间荡来荡去，十分得心应手。《水经注》里说，“犹”能“乘空若飞”，所以，“犹”是相当厉害的爬树高手了。不过，早期学者认为“犹”之所以那么会爬树，主要还是因为胆子小。它们生性多疑，一听到什么声音，就觉得危险来了，赶紧躲到树上去。爬上去之后，在高处四下观望，又觉得其实没什么，就又爬下来，但不久又会被吓到树上去。就这样，一会儿上树，一会儿下来，“犹”总是不放心，要折腾好多次才罢休。

据记载，“豫”是一种古象，这种古象行动起来就像在冬天穿过结冰的河流一样，“如临深渊，如履薄冰”。《道德经》中说“豫兮，若冬涉川”，可见其有多么小心翼翼，迟疑不决。

由于“犹”和“豫”生性多疑，古人根据它们的习性特征，将它们的名字组合在一起，就组成了“犹豫”一词，它的现代意义即拿不定主意。

“红得发紫”常形容一个人事业达到巅峰状态，为什么不说“红得发黄”或“红得发黑”？

原来，“红得发紫”里的“红”和“紫”原本指朝官衣服的颜色。“红得发紫”源于我国封建时代的“品色衣”制度。

这个制度开始于北周，形成于唐朝，宋、元、明、清沿用时，只做了很小的调整。就唐代而言，官分九品，三品以上穿紫色，四品深红，五品浅红，六品深绿，七品浅绿，八品深青，九品浅青。所以，着紫穿红的人就是身居高位的达官贵人，经常出入朝廷，被人们尊重。所以，人们形容一个人官运发达了，就说他“红”了，“红得发紫”“大红大紫”那就是更进一步了。如果一个家族有许多做官的，还被称为“满门朱紫”，“红”和“紫”都是事业好的象征。

至于那些穿青色衣服者，则是官职卑微的人，白居易有“江州司马青衫湿”的诗句，其中就包含了遭贬时官职低微的意思，这种颜色偏于青黑色。所以，形容一个人发达要说“红得发紫”，不能说“红得发黑”，“黑”不是发达了，是被贬了。

至于为什么不用“红得发黄”呢？这是因为，在中国古代，黄色是皇家御用的高贵色彩，平民百姓是不允许使用的。所以，一个人臣再发达，也不能说“红得发黄”，那就是大逆不道了。

形容一个人说话办事不靠谱叫“不着四六”，为什么不叫“不着一二”或“不着七八”？

“不着四六”用来形容一个人说话办事不靠谱，这个“四六”是什么意思呢？

原来这个“四六”不是指数字四、六，而是指“天、地、父、母”，其中天为父，天字与父字都是四画，地为母，地字是六画，“四六”就成了“天地父母”的代称。

古时候，中国人崇奉祭祀“天地君亲师”，认为“天地父母”是至亲，人是天地所生所养的。正因为天上有了日月，地上才有了昼夜的变化，四季的交替，才有阴阳互动，大地上才有了万物。

而父母，则是子女的天和地。“身体发肤，受之父母”，在古代人的观念里，父母是给予自己一切的人，要顺从和孝敬。不孝敬父母的人，就失去了做人的根本，是会被社会唾弃鄙视的。

“不着四六”的原意是上不知天，下不知地，为人不知父母。后来引申为信口开河，没头没脑，没边儿没沿儿。至于“一二”“七八”都没有这些意思，自然也就没有“不着一二”或者“不着七八”了。

“不管三七二十一”指对什么事情都不管不顾，为什么不说“不管三五一十五”？

“三七二十一”跟一个战国故事有关。

战国时代，秦国实力强大，其他六国正犹豫不决，不知是要联合起来抗秦还是应该屈从秦国，侍奉秦国。当时，著名的纵横家苏秦是主张合纵抗秦的，他游说六国国

君，着力推出自己的观点和主张。一天，他来到齐国都城临淄，求见齐宣王，想说服齐宣王抗秦。齐宣王便跟他说了他们的难处，告诉他齐国兵力不足。苏秦听了说："仅仅都城临淄就有七万户人家，如果每户按三个男子服役，就是三七二十一万雄兵了，抗秦的兵力仅临淄一城就足够了，若再加上别处的兵源，力量就更强大了。"

苏秦的这种算法听起来十分理想，实际根本不可能。因为临淄城不可能每户都能出三个男子当兵，毕竟每户人家情况都不同，怎么可能立即凑齐二十一万雄兵呢？为了达到自己的目的，苏秦不切实际，真的是"不管三七二十一"了。

其实，在中国古代，三七相乘之积，并不是一个吉利数字。在许多占卜家和阴阳家看来，"三七"是会带来厄运的。比如《汉书》里记载，路温舒的祖父曾说汉朝的"厄运"在"三七"之间，意思是西汉王朝大概"三七"二百一十年就会衰亡了。结果虽然没到二百一十年，但已经预计得"八九不离十"了，因此，"三七"往往跟一国的气运将尽紧密联系，这当然不是一个好词了。

流传到后世，"不管三七二十一"成了不顾背景，不辨形势，不问是非，不分青红皂白，不考虑过程与后果，一味蛮干的意思。但是，有时也用作褒义词。如某人办事有魄力，不怕困难，我们可以说：不管三七二十一，他总要把事情做好。这里就是赞颂某人有谋略，不怕风险，敢于承担责任。

"杀鸡给猴看"比喻惩戒一个以警戒其余，为什么是"杀鸡"而不是"杀鸭""杀鹅"呢？

传说古时候，一个猎人经常上山打猎，而家中又喂了不少鸡，平时鸡经常被狐狸偷走。他正为此苦恼时，有一天上山时抓到了一只猴子。猎人想，这只猴子能帮自己看家就好了，于是把猴子用链子锁在自家门口，和它说了一番看家的事情，猴子仿佛听懂了，抓耳挠腮地点了点头。

这回，猎人放心地上山打猎了，等回家后，却发现家里的鸡依然被狐狸偷了几只，于是跑去教训猴子，可是猴子却吱吱乱叫。猎人非常恼火，但也无奈何。

第二天情况依旧，鸡被偷走了三五只，而猴子却自娱自乐地玩呢。猎人气得把猴子打了一顿，可是无济于事。

第三次，他出门回来后，情况更糟糕。眼看着鸡快被偷光了，猎人想，与其全部被狐狸抓去，还不如自己吃了算了。于是，猎人拿起刀子，准备把剩下几只鸡杀了吃，结果，猴子看见猎人拿着刀子割鸡喉咙，吓得连忙用手遮住了眼睛，老老实实地缩成一团。

看到这个情景，猎人顿时心头一亮，这猴子怎么打都不怕，看来它怕杀鸡啊！从这以后，猎人每出门之前总做杀鸡的样子给它看，慢慢地，猴子就不敢放肆了，老老实实地给他看家了。

成语“三人成虎”是说三个人可以变成老虎吗？

这要从《战国策》里的一个故事说起。战国时期，魏国有个大臣叫庞恭，他即将陪太子去赵国做人质。临行前，他问魏王：“如果现在有一个人，说街上出现了老虎，大王您会信吗？”魏王说：“我不相信。”庞恭继续问道：“如果有两个人说街上出现了老虎，您会信吗？”魏王说：“那我就有点怀疑了。”庞恭再问：“如果是三个人说街上有老虎，您会相信这种说法吗？”魏王这时回答：“那我就相信了。”庞恭便说：“集市上不可能有老虎，但因为三个人说有，大王就信以为真了。现在我要去赵国的国都邯郸，那里离我们魏国国都大梁，就要比这里离街市远得多了。到时，肯定不止三个人会议论我，希望大王能明辨是非，不要为假话迷惑啊。”魏王说：“这些我都知道。”

庞恭走后，果然如他所料，诋毁他的话题接连不断。尽管庞恭有先见之明，给魏王打过预防针，魏王还是听信了他人的谗言。庞恭从邯郸回来后，再也没有得到魏王的信任。一个人要辨别言语的真伪，真是不容易啊。

所以，三个人虽然不会变成老虎，但确实能把没有的说成有的，混淆人们的判断。

狼是危险的动物，为什么有人能“空手套白狼”呢？

其实，白狼并不是我们平时所认为的那种凶恶动物，相反，在中国古代，白狼是祥瑞的象征，它的出现往往和圣人、改朝换代联系在一起。孟子说五百年必有圣人出，因此当商朝取代夏朝的时候，祥瑞的白狼就出现了，预示着商朝代替夏朝统治天下。

周朝第五位帝王周穆王在位时，有一次征伐犬戎时得到了四匹白狼，四头白鹿，倍感欣慰。唐朝典籍里也说，白狼只会出现在国君具备仁德的时代，乱世是绝不会出现的。可见，白狼确实是祥瑞的征兆，国君们尤其希望白狼现身，因为这样可以证明自己道德高尚，是明治之君。

因此，“空手套白狼”最初并不是指人太鲁莽，它是一句褒奖之语，用来表扬那些能够空手把象征祥瑞的白狼套住的明德国君和勇士。

现在，“空手套白狼”已经演变成一个贬义词了，比喻那些不做任何投资到处行骗的人。

现在常用“二”形容人头脑不清楚，古代也有这个说法吗？

“二”本来表示数目，但发展至今有了很多新的意义。比如现在我们说一个人头脑不清楚，就会说这人很“二”，是个“二楞子”。这个字很微妙，它既可能是骂人，也可能表示亲近。一般来说，用于陌生人就含贬义，如果说一个自己很熟悉的人“二”，往往并不含贬义，只是开玩笑。

有个歇后语叫“丈二和尚——摸不着头脑”，这里面的“二”也指“头脑不清楚”吗？其实，这个“二”只是一个数词。古时候，人的身高为八尺左右，举起手来也不过是一丈，如果一个和尚的身高达到一丈二尺，那么普通人是摸不到他的头的，所以叫“丈二和尚——摸不着头脑”。后来，这个歇后语才慢慢发展为某件事让人不明白，摸不着头脑，没有思路。

铁公鸡犯了什么错？怎么会和小气鬼联系在一起呢？

小气、抠门的人经常被冠以“小气鬼”“葛朗台”等称呼，除此以外，我们还会用“铁公鸡”来形容他们。铁公鸡为什么会和小气鬼联系在一起呢？

清代章回小说《儒林外史》里说：“世间何物最坚挺？”“铁公鸡、铜仙鹤、玻璃耗子、琉璃猫。此四宝，当属毛不拔之物。”原来，铁公鸡之所以被认为小气、吝啬，是因为它“一毛不拔”，它是铁的，毛当然拔不动呀。

后来，“铁公鸡”便成为人们厌恶取笑的对象。清代袁枚在《子不语·铁公鸡》里记载了这么一个故事：济南有个富翁非常小气，绰号“铁公鸡”。有一天，他想纳一个妾，条件是：花费要最低廉，但是人要最美貌。这个如意算盘打得真妙，但居然真的有个美貌女子愿意前来，甚至不要钱，只要衣食周全就可以了。富翁喜不自禁，以为占了便宜，没想到半年之后，女子失踪了，富翁家的财物也损失惨重。原来，这个女子曾是富翁的旧房客，后来被富翁赶走了，这次是来专门偷他的钱财的。最后，这个“铁公鸡”跌足叹息，却也无可奈何了。

为什么说“愚公之居”就是“开门见山”呢？

“开门见山”是个成语，比喻说话或写文章直截了当谈主题，不拐弯抹角。这个成语出自唐朝刘得仁的诗《青龙寺僧院》，前四句为：“常多簪组客，非独看高松。此地堪终日，开门见数峰。”

那么为什么说“开门见山”是“愚公之居”呢？愚公家怎么全是山？这却要从另一个成语“愚公移山”说起了。“愚公移山”出自《列子·汤问》，说的是这样一个故事：愚公家门前有太行、王屋两座大山，这两座山使得人们的出行很不方便，于是愚公决定将山移走。他的想法被“聪明”的智叟知道了，智叟就笑他太傻，认为移山根本不可能做到。愚公已经九十岁了，他自然不可能在有生之年将山移走，但是他说：“我死了有儿子，儿子死了还有孙子，子子孙孙无穷无尽，而山不会再加高了，又何必担心挖不平

呢？”于是，他每天带领儿孙们挖山。后来，他的行为感动了天帝，天帝便命大力神夸娥氏的两个儿子搬走了两座山。

在这个故事里，愚公家门前有两座大山，所以才有“愚公之居——开门见山”这个歇后语。所以“愚公之居”就指“开门见山”的地方了。

“泰山”号称天下第一山，为什么有人竟然“有眼不识泰山”？

原来，此“泰山”非彼“泰山”也。“有眼不识泰山”说的是一个叫泰山的小孩的故事。

众所周知，鲁班被尊为我国土木工匠的始祖。他一生收了很多徒弟，其中有一个十多岁的小孩子，名叫泰山。泰山从小很喜欢木工，就拜了鲁班做师父。

过了一段时间，鲁班发现泰山上课总是一副心不在焉的样子。鲁班还发现，泰山经常会跑到后山的竹林里去玩，而且一去就是很长时间，这也让泰山落下了很多功课。

一年后，鲁班想检验一下学生们的学习成果，就让他们自己做出一些东西来。可是泰山交出的学习成果显得一塌糊涂，他做的桌子歪歪斜斜，连业余水平都没达到。鲁班看了很生气，一气之下，就劝说泰山回家，把他除名了。

十多年后的一天，鲁班路过一家竹制品店，里面摆放着竹桌子、竹凳子、竹箱子等，做工精良，技艺精湛，水平甚至比自己还要高。鲁班忍不住想认识一下这位高人。

原来这家店的老板正是当年被鲁班除名的学生泰山。泰山见到老师也很高兴，赶忙迎到店里。

鲁班问：“你的手艺这么好，是跟谁学的啊？”泰山说：“当然是跟您学的，我只有过您这一位老师。当年我在您那里学手艺时，对竹子很感兴趣，所以经常跑到竹林里研究如何做竹制品，当时没来得及和您说实话，还请老师原谅学生啊。”

鲁班听到这里才感到十分懊悔，他对泰山说："当年我错怪你了，我真是有眼不识泰山啊。"

从此，"有眼不识泰山"就作为俗语流传下来，用来比喻见闻太窄，看不出眼前有本事、有才华的人。

古人遇到不懂的字词怎么办？古代有字典和词典吗？

古代也是有字典和词典的，中国最早的一部解释词义的书是《尔雅》，它是中国古代最早的词典，也是中国第一部按词义系统和事物分类编排的综合性辞书。"尔雅"就是使人们的语言接近标准和规范，符合雅言。"尔"是接近，"雅"是"正"的意思，雅言即在语音、词汇、语法等方面合乎规范的标准语，就是古代的官方语言。

另一部鼎鼎有名的书是《说文解字》，简称《说文》，它的作者是东汉的经学家、文字学家许慎。《说文解字》是第一部按部首编排的字典，后世的字典大多采用这个方式。清代文字学家段玉裁称这部书"此前古未有之书，许君之所独创"。

最早将同韵字编排在一起供写作韵文者查阅的字典是《广韵》，它成书于北宋时代，是我国历史上保存完整并广为流传的最重要的一部韵书，是北宋以前韵书的集大成者。

此外，还有《康熙字典》，这是一部影响深远的汉字辞书。它是张玉书、陈廷敬等三十多位著名学者奉康熙皇帝圣旨编撰的，又成书于康熙年间，因此起名叫《康熙字典》。《康熙字典》是中国第一部以"字典"二字命名的汉字辞书，共收录汉字47035个，为汉字研究者的主要参考文献之一。

字典和词典是前人经验的总结，我们今天能有如此丰富的语言文字，都离不开时代的积累。

“我和你”“附和”“和面”“和稀泥”，这几个“和”字你都会读吗？你还能举出有四个读音以上的字吗？

在生活中，我们常常会发现，在不同的情况下，同一个字竟然有两个或两个以上的读音。而且，在读不同音的时候，字的表义不同，用法不同，词性往往也不同。

比如“和”字，在“我和你”中读hé，表示“并列”，是一个连词；在“附和”中，则读hè，表示“响应”，是一个动词；在“和面”中，读huó，表示“在粉状物中加水搅拌或揉弄使粘在一起”，是一个动词；在“和稀泥”中，读huò，表示“粉状或粒状物掺和在一起，或加水搅拌”，是一个动词。

其实，除了上述四种发音，“和”还有hú、huo等发音，读hú时，为麻将用语；读huo时，为衬字，如“暖和”“软和”等。

除了“和”字有这么多读音，还有很多汉字都有多个读音，比如“差”字，就有chā、chà、chāi、cī、chài五个读音；“啊”有阴平、阳平、上声、去声四个声调的读音；“那”有nà、nè、nèi、nǎ、nā五个读音。

曹操的字谜“一合酥”是什么意思？

这是三国时代的故事了。有一天，曹操收到一份礼物，是一盒美味的酥糖。他打开来，吃了几块，又重新把盒子盖好，还在盒盖上写了三个字“一合酥”，写完就传给手下看。曹操将大家不明所以的样子看在眼里，嘴上却不说什么，笑笑就出去了。

过了不久，杨修回来了。杨修是个谋士，在曹操手下任主簿。他见大家凑在一起议论纷纷，便好奇地上前一看，不过是一盒酥糖。再仔细一看，盒盖上还有曹操的题字：“一合酥。”

杨修向来聪明多智，稍一琢磨，便笑了起来，说：“今天可真是有口福啊。”一边说，一边就去打开盒子，取出一块酥糖吃了。围观的人吃惊地看着他，他也不解释，反而取出更多的酥糖，一人一块地分发起来。这些人虽然接了酥糖，但谁也不敢吃。杨

修笑着说：“吃吧！这是丞相的命令，一人一口酥嘛！”

原来，曹操给大家出了个字谜，“合”字可分解为“人、一、口”，加上前面的“一”，后面的“酥”，就成了“一人一口酥”。原来，“一合酥”不能仅看表面的意思，要拆分开来才知道。经他一解释，大家才明白过来，便放心地享用起又甜又香的酥糖了。

大家刚吃完，曹操回来了，看着空空的盒子，又看杨修在场，便明白了，却故意问：“谁叫你们吃的？”杨修走上前笑嘻嘻地说：“是丞相您让我们吃的，我们怎敢违命呢？这不是写着一人一口酥吗？”曹操听后，哈哈大笑说：“我就知道是你解开的这个字谜。”

“1”“一”和“壹”都表示“一个”，它们有什么不同吗？

在表示数目的时候，“1”“一”“壹”意思相同，即最小的正整数，它们的读音也相同，却是三个不同的字，那么它们的不同之处到底在哪里呢？

阿拉伯数字	0	1	2	3	4	5	6	7	8	9	10
中文大写	零	壹	贰	叁	肆	伍	陆	柒	捌	玖	拾
罗马数字	XI	I	II	III	IV	V	VI	VII	VIII	IX	X

阿拉伯数字0~10的中文大写及相对应的罗马数字

“1”是阿拉伯数字中最小的正整数。它广泛应用于很多领域，如钞票上、数学课本上、记录数字和时间等。再比如，在计算机技术中，1和0是计算机存储的两种状态；在音乐领域，1代表简谱中的1个唱名，读音为do。

“一”是汉字中最小的正整数，也是汉字的基本笔画，也可单独成为汉字，常用来表示人或事物的最少数量。如一个人、一件事等。

“壹”是“一”的大写，如壹圆，常用于纸币或银行票据等，使用的主要目的是为了避免差错或涂改。

所以，这三个字在表示数目时意思是一样的，但是使用的领域不同。

两点水、三点水为偏旁的字大多和水有关，为什么四点水为偏旁的字反而多和火有关？

水的温度不同，给人的感觉也会不同，或者寒冷，或者清冽，或者温和，或者滚烫。古人根据这些感觉，造出了不同的字，偏旁分别为两点水、三点水、四点水。随着偏旁里的水滴逐渐增多，这些字所代表的温度也逐渐升高。

偏旁为两点水的字，给人的感觉往往偏冷。比如“冷”“冻”，此外还有“冰”“凉”“冽”“凌”等。在我们的感觉里，“寒”风是“凛冽”的；往冬天的玻璃上哈口气，玻璃上立即“凝结”成白色的雾；凝结在冬日树枝上的白色晶体叫雾凇。这种“冷”不一定是指物理温度，也指来自内心的含义，比如看到落尽了叶子的树林，我们感觉一派“凋零”，心里也会涌起“凄凉”的情绪。

相比之下，偏旁为三点水的字就温和多了。“温”是水的常态，这样的字词非常多，比如：江、河、湖、泊、瀑布、汪洋大海、溪水流淌、波涛汹涌等。在水温不冷不热时，人们身体感觉舒服，就会去游泳、淋浴、洗涤、清洁等。这样的水既包括自然界的水，也包括跟人体有关的液体，比如：汗、泪、涎、泣、鼻涕等。由此可见，凡是三点水为偏旁的字，大多与水有关。

相比之下，偏旁为四点水的字，给人的感觉却是过热了，比如：热、烈、焦等。然而人是最善于借势的，既然“热”，那就借着这热量来做点有用的事吧，比如：煮、煎、烹、熬、蒸、熟等。我们知道这些字大部分跟水其实没有关系，这是怎么回事呢？原来，这四点水的偏旁是“火”字的简写，这些字都是和火有关的。随着汉字的发展，“火”后来才演化为四点水。

“闭门羹”是指关起门来喝汤吗？

想知道“闭门羹”到底是什么意思，就要从一个唐代的故事讲起了。

据说，唐代宣城有一个才貌双全的歌女，叫史凤，她聪明美丽，能歌善舞，因此很多人慕名前来拜访。史凤应接不暇，又不想得罪人，于是就想出了一个办法。她在心里把客人分成好几等，上等客人来了，她就款款走下楼去接待，还奉上自己亲手做的羹。下等客人来了，她不好意思明着拒绝，但也不愿意见面，便也招待客人一碗羹，表示婉拒。

拒绝原本就是一件不好办的事情，但史凤却最大程度地照顾了访客的心理，让被拒的人得到某种补偿。史凤不仅人情练达、八面玲珑，而且还具备一定的创造性，是个聪明的女子。

当然，现代意义上的“闭门羹”只有“闭门”而没有“羹”了。没有了“羹”的补偿，“闭门”拒客也就变得不委婉了。

“俩”是两个，“仨”是三个，那么“侐”就是四个，“伍”就是五个吗？

“俩”是两个，“仨”是三个，有人或许会推想，那么“侐”就是四个，“伍”就是五个了。其实汉字不是简单的一加一，千万不可以想当然。

“侐”读xù，古同“侐”，是清静、寂静的意思。

“伍”读wǔ，基本含义有：1.古代军队的最小编制：五人为伍；2.军队，如“入伍”“落伍”（掉队）；3.同伴，如“羞与为伍”；4.“五”的大写；5.姓，春秋时期，吴国有个著名的大夫和军事家叫伍子胥。

写信封时，寄信人名字后面为什么往往跟一个“缄”字？

“缄”原指捆箱子的绳子。许慎在《说文解字》中说：“缄，束箧也。”“箧”是箱子之类的东西。东汉历史学家班固在《汉书》里也有“解箧缄”的说法，意思就是解开捆箱子的绳子。

原来，在纸张发明以前，古代的公文书信多写在木板、竹简或者绢帛上，写完后

用绳子捆上，在绳的打结处加上一块泥，在泥上盖印章，以防被拆，这叫封“泥”，其目的都是为了保守书信中的秘密。在这个过程中，用绳子捆叫“缄”，用泥盖印叫“封”，解开绳子叫“开缄”。

“缄”因此沿袭下来，虽然后来又发明了纸，但人们在写信时，还是按过去的习惯在信封上写“缄”，表示“封”过。

生活中，人们还用“三缄其口”比喻“慎言”，这和孔子有关。据西汉经学家和文学家刘向在《说苑》中记载，孔子是一个特别尊崇礼仪的人，他曾经专程考察过周王朝的文物礼仪制度。一天，他去参观周王祭先祖的太庙，还没进庙里，就发现台阶右侧立着一个铜铸的人，但嘴上被贴了三道封条。他绕着铜人转了一圈，发现铜人的背面刻着一行字：“古之慎言人也。”意思是：这是古代一位说话极其慎重的人。这个铜人并没有说话，背上刻着的字也没有特别的训诫，却给孔子留下了深刻的印象。此后，他在教诲弟子的时候，总是会说“君子讷于言而敏于行”。

所以，后来人们便以“三缄其口”比喻“慎言”了，“缄默不语”即由此演化而来。

“零”和“〇”是一回事吗？

它们不是同一个字，“〇”和传统的汉字不同，构成它的笔画不是传统的汉字笔画，甚至有人以为它不是汉字。其实，我们经常会用到“〇”，特别是用汉字数字写年代的时候，使用很普遍。从书写来说，写“〇”比写“零”要方便得多。因此，人们往往俗称“〇”为“小写的零”。

所以，无论“〇”正圆形的外形多么与众不同，它确实是一个汉字，有自己的形、音、义，读音是líng，意思是数字中的空位，《新华字典》《现代汉语词典》等工具书都收入了“〇”。

“〇”和“零”虽然都可以表示“0”，但使用上还是有所不同。原则上，一个数字用作计量时，一般用“零”。比如，如果出现“十、百、千、万”等数位的数字，可以用“零”：两万三千零四十、五千零二百个、一千零二十年、四百零三条等。用作编号时，则用“〇”，例如：一三〇四〇、八〇三〇号、二〇〇五年、三〇六医院、一〇一路电车等。

还有一点需要注意的是，“〇”是正圆形的，在用的时候，千万不要用阿拉伯数字“0”或者拉丁字母“O”来代替汉字“〇”。

“珍”和“瑞”等字左边明明是个“王”字，为什么我们却称它是“斜玉旁”？

首先，我们来看“玉”字，它是个象形字。在甲骨文里，它的本义是指“温润而有光泽的美石”，后来成为汉字的一个部首偏旁，即“斜玉旁”。

那么，“王”字在古代又是怎样写的呢？

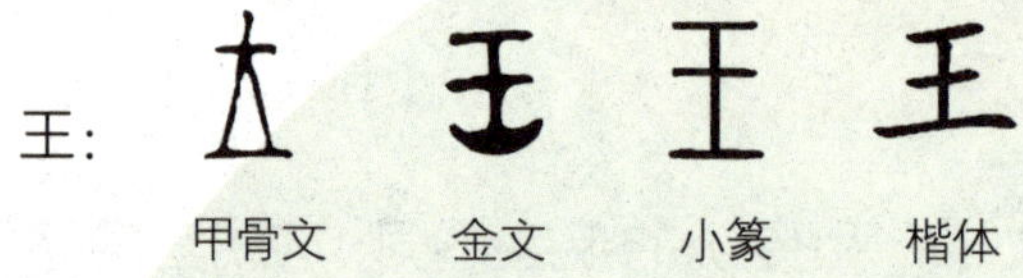

原来，在金文和小篆中，“玉”和“王”长得非常像，写法都是三横一竖。但若仔细观察，你会发现二者还是有细微区别的。“玉”字像一根绳子串着一串美玉，因此写起来是三横一样长短，均匀分布。而“王”字的三横并非一样长短，也不是均匀分布的，而是中间一横稍短，并且靠上一些，意味着王者遵从天道。

因为这两个字太像了，让人很难区分，在实际书写中也很难操作，所以，后来“玉”字就在原来的基础上加了一点，这样就好区分了。但作为一个偏旁，“斜玉旁”还是写作原来的模样，看上去是个“王字旁”，但从组成的字的意思看，我们还是可以分辨出来的。

总的来说，“斜玉旁”的字，大部分和玉石之类相关，比如“琼”“瑶”“琦”“珏”

“瑕”“琏”“璋”“琳”“琅”“珂”等。

不过，在《新华字典》和《现代汉语词典》中，汉字简化了，把所有“王”字旁的字都归于“王”部，“玉”部下面反倒只剩下“玺”“璧”“莹”等寥寥几个字了。

“万”为什么从一只“大蝎子”变成了数目字？

我们先来看看“万”字在不同时代的模样：

我们看到，甲骨文和金文的“万”字十分像一个大蝎子，字体的上部是两个钳子般锐利的钩角，中间是蝎子的身子，下部是蝎子弯弯的尾巴。所以，“万”最初是一个象形字，它的本义就是“蝎子”。那么，表示事物形象的“万”，又如何演变出数字的意义来了呢？

相传，古时候，我国华北农民居住的地方常常有蝎子出现，干扰了人们的正常生活，人们就根据蝎子的形状创造出了表示蝎子的“万”字。蝎子毒性非常大，人要是被咬伤，轻则疼得在地上打滚，重则要出人命。后来，人们就将蝎子的这种恶毒之极称为“万恶”，“万”也就逐渐有了“程度达到极限”的意思。大约到了周朝以后，由于生产力发展，物质丰富，事务繁多，十、百、千这三个数量级不够用，古人觉得计数到了十千，已经达到顶点了，于是借来“万”表示“十千”。由于久借不还，“万”被长期霸占，成了专门的数目字。人们在万字下面添了一个虫字，创造出“虿”（繁体为“蠆”）专指蝎子，而且读音也改变了，不读wàn，而读chài。至于蝎子的蝎，则是更后来出现的字了。

这种假借在甲骨文中能找到证据，至今为止，在甲骨文中见到的最大数字是三万，是如何表示的呢？上图中金文的“万”字在蝎子的尾巴上有一个小横，是为了表明“一万”的概念，因此如果是三万的话，就是在蝎子的尾巴上加上三横了：。

今天的汉字如此丰富多彩，古人是怎样一个个把它们造出来的？

一般认为，古人造字的方法共有六种，即象形、会意、指事、形声、转注、假借，合称为“六书”。

“六书”一词最早见于《周礼》，后来，东汉时期的许慎在他的《说文解字·叙》中对此做了较为详细的解释，我们现在也都一直沿用他的说法。简单来讲，象形就是按照物体的外形用线条笔画描摹出字形，很像我们现在的简笔画，如“水”字在古代写作；会意是在象形字的基础上，将两个或两个以上的形体结合起来，表示一种新的意义，如“休”，一个人和一个木表示休息；指事，通常是在事物形体的基础上加一些标记性符号来表示，如“上”“下”；形声，就是一个表示意义的形旁加上一个表示读音的声旁，两者搭配形成一个新字，如“湖”；转注，是一个词的读音由于时间的流逝或地域的不同而发生了变化，为了在字形上有所体现，就给原来的字加上一个“注解”，通常做法是添改一个音符，表示“一音之转”；假借是借用一个同音字的字形来表示自己的意义。

一般认为，象形、会意、指事、形声“四书”才是真正的“造字之法”，它们都是从无到有被造出来的，比如，“丝”是个象形字，它被造出来之前是没有“丝”这个字的。而转注和假借并不能产生新型构造的汉字，因此是“用字之法”。就是说，从形体上看，假借和转注的字形原来都是存在的。

值得注意的是，并不是说古人事先规定好了这六种造字方法才开始胸有成竹地造字的，而是后人在分析汉字的构造时才把这六种方法归纳了出来。而且，并不是所有的汉字都完全适宜用“六书”来分析，如“丸”字，小篆写法是，是“仄”字的反写，就完全说不上符合哪种方式的造字法。

象形文字为什么越变越不“象形”了?

甲骨文中有很多像画一样的字，即使没有学过甲骨文的人，也能一看就明白它的意思。我们称这些文字为“象形文字”，顾名思义，象形文字就是字的形状是仿照事物的形状书写或勾画而成的，例如，“山”字在古代写作，“日”字写作，“月”字写作，“鸟”字写作。假如我们能够穿越到上古时代，看到这些字，我们也一下子就能猜到它们的意思。

目前，中国纳西族所采用的东巴文和水族的水书，是世界上唯一仍在使用的象形文字系统。在埃及的一些古石刻中，也还保留着象形字的字形，例如里面有这样的字、、，其意义一望即知，分别是猫头鹰、手、狮子。

现在有一些汉字还留有象形的影子，例如“口”“身”“耳”“手”“山”“田”等，其“形象”依在，但很多象形字从形体上看不出它表示的意思了，这是为什么呢？第一，由于象形字本身的特点，很多实物和抽象事物通过象形造不出来，在常用字典和常用字里，象形字所占比例极小，《说文解字》里象形字占不到4%，汉代以后，一千多年来只造了“伞、凹、凸”等少数几个象形字，现在已不再用这种方法造字了。第二，汉字的形体是一个逐渐演化的过程，经历了从甲骨文、金文、六国文字（包括大篆、石鼓文等）到小篆、隶书、楷书的演化过程，在此期间，很多象形字的形体已经发生了很大的变化，从下面的羊和丘的字形演变可以看出，一开始的象形字还有画出来的意思，可越到后来就越不“象形”了。

“本末倒置”比喻把主次的位置弄颠倒了，为什么用“本末”来指代主次？

用“本末”来形容“主次”，要从“本末”的原义说起。古人是怎么造出这两个字的呢？他们想，既然已经有了现成的“木”字了，树木的树梢就在上面加个符号指示一下吧！

“本”的形成也是这样，在“木”的下面加一横就是树根了。所以，“本”的本义为树根，“末”为树梢。“本”“末”后来分别引申为本根、本始和末节、末终。

“本”“末”都是指事字，指事字使用了一种抽象的符号造字，当没有或不方便用具体形象画出来时，就用象征性符号或在象形字上加提示符号来表示。

比如，“上”“下”两个字就是用横线“一”为界，在横线上用一点或较短的短线指出上方的位置，写成 ，也就是“上”字；而在横线下面画一点或较短的线，写成 ，则是“下”字。又比如，“凶”字是指地上有一个深坑，走路的人没看见而踏空掉进坑里，写成 ，“凵”代表深坑，中间的“乂”符号就是象征掉下坑的那种惊吓的感觉和危险的情形。还有许多指事字，是单纯用象征符号表示的，它们的符号性质更强，如表示数目的一、二、三等。

指事字都是独体字，因为指事字就是在象形的基础上加一个指示符号。用指事的方法造出的汉字是很少的，因为相对来说很抽象。

上:

甲骨文 金文 小篆 楷体

“背靠大树好乘凉”暗含一个字，是哪个字？

“歪”“劣”“尖”这类字称为会意字，会意字是用两个或两个以上的独体字根据意义之间的关系合成的字。

会意字分为异体会意字和同体会意字两种类型，异体会意字用不同的字组成。如“驭”字就是利用已有的“马”和“又”组合而成的，“又”是右手的意思，右手赶着马，自然表示“驾驭”的意思。再如典型的“休”字，从人从木，表现出了人与树的关系——人倚靠在树下。“背靠大树好乘凉”，人们根据在野外劳累之后常于树荫下休息的经验，就能理解这是休息的意思。

休: 甲骨文 金文 小篆 楷体

同体会意字用相同的字组成。如“从”字，表示一个人在前面走，另一个人在后面紧跟着，两人前后相随。“比”字，表示两人肩并肩站着，后来引申出比较的意思。

比: 甲骨文 金文 小篆 楷体

和象形、指事相比，会意具有明显的优越性：一是它可以表示很多抽象的意义，

二是它的造字功能强。直到现在，人们还用会意的方法创造简体汉字或方言字。

我们怎么区分会意字与象形字、指事字呢？有一个非常简单的判断方法。会意字是合体字，所以可以拆为两个或两个以上独立的字。象形字和指事字则不能拆分。比如指事字“刃”，拆成两部分之后，就是“刀”和一个点了，那个点明显就不能独立为文了。

古人常说“秀才识字读半边”，为什么今天读半边经常读错？

汉字总数的90%以上的形声字。形声字由两部分组成：表示读音的“声旁”和表示意义的“形旁”。我们经常读的“半边”就是指“声旁”。这也是形声字和其他几种造字方式的最大不同，象形、指事、会意都能通过视觉上的字形清晰地表示意义，却不能反映出这个字的读音，这无疑给汉字的普及和使用带来诸多不便，形声字却可以弥补这些缺陷。形声字也是在象形字、指事字、会意字的基础上形成的，以“茅”字为例，看一下形声字的造字过程。

古人在造茅草的“茅”字时，就从象形字、指事字或者会意字里面找一个读音跟“茅”相同的字，最好这个字又比较常用，于是矛盾的“矛”字就被挑选出来。然后再在“矛”上加一个偏旁，一方面要跟“矛”在字形上区分开来，另一方面，也让新造字能反映出一部分意义出来。茅是一种草，所以就给它加一个表示草的符号，于是“艹”就跟“矛”组合成表示茅草的“茅”了。

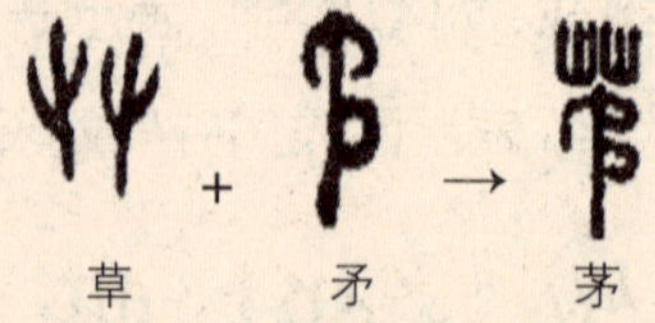

从这个造字过程中，我们知道，古人是通过发音来创造形声字的，它的声旁标识着这个字的读音，而形旁则跟意义有关系，如跟水有关的都带有“氵”，如：江、河、湖、海等；跟山有关的都带有“山”，如：峰、岭、岱、嵩等；跟车有关的都带有“车”，

如：轮、钻等。

根据形声字的造字规则，人们只要认识声旁就知道这个字的读音了，可是为什么“读半边”还会闹出这么多笑话来呢？原来，古今的读音发生了很大变化，而且这个变化是不均衡的，有些字的读音变化得快，有的至今还跟古音相同。所以，以前的同音字现在读起来有很大差异。要想避免“读半边”闹笑话，最好还是养成随时查字典的好习惯，以字典的读音为准。

所以，“秀才识字读半边”现在又成了对“秀才”们读错字的讽刺。

“其他”的“其”本义是簸箕，为什么今天没有这个意思了？

原来，“其”的甲骨文字形为，像一个簸箕吧？对，“其”在古代即“箕”的本字，是个象形字。它后来为什么变成虚词了呢？原来，在古代口语中，人们表示代指或某种语气时，也有一个同音的qí，而这是个虚词，没有实际意义，传统的造字方法如象形、会意、形声等都无法造出这个字来，怎么办呢？人们就想出一个办法，先借用表示簸箕的同音“其”。这样，“其”就有了两个意思，一个表示簸箕，一个表示qí字，代指第三人称或这个、那个等。随着时间的流逝，因为“其”的本义簸箕不是很常用，人们就渐渐把“其”的这个意思忘记了，再加上一字多义容易混淆，后来干脆给簸箕另外造了一个“箕”字，这样，“其”就专门指虚词了。

其实，在汉字漫长的发展过程中，很多汉字的字音字义都有可能改变，“其”只是其中的一员而已。又比如“北”，甲骨文字形为，两个人背靠背站着，肯定是意见不一致了，北的本义即“背叛、违背”，现在用的“败北”一词，还保留着这个意思，“败北”即背对着敌人逃跑，逃的方向不管东南西北，都叫“败北”。后来，方位词“北方”的“北”字无形可像，就借来“北”表示“北方”的意思了。

“其”“北”都是假借字，“假”，也是借的意思，所以“假借”就是借，假借字借的是字形，这个字形本来是其他汉字的字形，即“本有其字”，只是被借用过来表示意

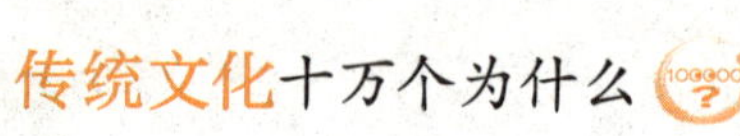

义，但借的时间长了就霸道地占为己有，当作自己的字形了，而且是永借不还。而这个字形的本义，就只能另造一个新字表示了。

“又”原本指右手，为什么后来成了表示“更、再”的副词?

“又”现在用作副词，表示“更、再”，但最早它是个名词，看一下它的甲骨文字形就明白了。“又”是个象形字，把右手举起，伸开手指，就能得到这个“右手形”，它的字义也就是今天的“右”字，表示“右手”。

又:

甲骨文　金文　小篆　楷体

因为“又”的本义为“右手”，所以带“又”的字大多与手的动作有关。比如“友”，这个象形字在甲骨文中是两只右手靠在一起的形状 ，就像现在的旧友重逢，两人都伸出右手，紧紧相握，表示友谊。在金文中，友的字形变为 ，仍是两只右手靠在一起的形状；友的小篆字形为 ，是两只右手一上一下靠在一起的形状；现代楷书，则是把小篆上部的右手变成了一只左手，这样书写更方便，形体更美观。

还有“及”字，也是和手有关，甲骨文字形为 ，这个形状很明显，左上部是一个面朝左的“人”，右下部是一只手的形状，由这两部分组合在一起，表示一个人被一只手抓住了，所以，这是一个会意字，是被人追上或赶上的意思。成语“望尘莫及”“追悔莫及”中的“及”都是这个意思。

及：

甲骨文　金文　小篆　楷体

同是耳朵旁，为什么“阴、阳”是左耳朵旁，“邦、郭”是右耳朵旁？

其实，左耳朵旁和右耳朵旁虽然都跟“耳”沾了边，却是不同的两个字演变过来的，表达的意思自然也不相同。

左耳朵旁“阝”读为fǔ，同“阜”，用在字的左边。“阜”是象形字，它的甲骨文字形为 ，小篆字形为 。可以看出，这个字像一层层山崖或者说台阶，所以，由它做偏旁的字大多都与阶梯、山阶、登山、升降等有关。例如：“台阶”的“阶”指用砖石砌成的或山势凿成的梯形的道；“陡”指山的坡度很大；“险”本义为山路难行；“陟”本义为登山；“阳”指山的南面，“阴”指山的北面等。

右耳朵旁“阝”读为yì，同“邑”，用在字的右边。它的甲骨文字形为 ，小篆字形为 ，上部都是一个代表围墙的方框，而下面都是面朝左跪着的人，这个字表示人们居住的地方，由它做偏旁的字大多都与城镇、都市、国名、地名等有关。例如：首都的“都”指城市；“邦”指古代诸侯的封国；“郭”指城外围着城的墙，也就是外城，唐代诗人孟浩然有一句著名的诗“绿树村边合，青山郭外斜”，这里的“郭”用的就是这个意思，北朝民歌《木兰辞》中有“爷娘闻女来，出郭相扶将”的句子，“郭”也是这个意思；“郊”最早指京城百里，现在指城市周围的地区，如“郊区”“市郊”等词可以显示出来。

以“月”为偏旁的字都跟月亮有关吗?

在古代文字中，月和肉本是两个字，后因其小篆字体很相近，合并为一个偏旁“月”，在不同的字里，分别称为“肉月旁”和“月字旁”。所以，以“月”为偏旁的字，字义大致在两个范畴中，或和月相关，或和肉相关。

想要区分一个字的偏旁是“肉月旁”还是“月字旁”，可以遵循这样一个规律：“月”在字的左边或下边的，一般是“肉月旁”，比如“肝、脏、肺、腑”“胃”“肩”等；“月”在字的右边的，是“月字旁”，如“朔”“朗”“明”这些和月亮相关的字。“月”在左边为“月字旁”的字只有“朦、胧、朓（tiǎo，农历月底月亮在西方出现）、朏（fěi，新月开始发光）”四个。如此算来，现代汉字中以“月”作偏旁的字，大多是“肉月旁”，都跟人体或者肉有关系，跟月亮有关系的，数量寥寥无几。

还有些“月”字旁的字，和人体、月亮都没有关系，比如“朕”“朋”。据清代语言学家戴震考证，“舟之缝理曰朕”，可见“朕”的“月”源自“舟”，后来，在汉字发展过程中，“舟”的字形产生了记录错误，使本来与“月”无关的字也变成了月字旁。而“朋”是个象形字，古代用贝壳当货币时，相传五贝为一朋，甲骨文的“朋”写作 [甲骨文字形]，就像两串儿贝壳挂在一起的样子。

“单人旁”的字多与人有关，那么“双人旁”的字是不是也和人相关呢？

不是这样的。双人旁“彳”读chì，《说文解字》的解释：“彳，小步也。”可见它的本义是“慢步行走”，有个词叫彳亍，念chì chù，就是慢步行走的意思。因此，带双人旁的字一般与道路、行走有关，比如“行”字，甲骨文字形为𠁩，像纵横相交的十字路。所以，“行”的本义就是指“道路”，而“道路”是供人“行走”的，又引申出“行走”的意思。

“行”还是个多音字，当“行列”理解时，它读háng，如“杨柳成行”；当“行走”解释时，它念xíng，如“人行横道”。

我们再来看“循”字，《说文解字》的解释：“循，行顺也。”“循”本义是“走路”或“沿着路一直走”。后来延伸出“循环”“循序渐进”“循规蹈矩”“因循守旧”这些词，都有沿着固定轨道走的意思。

另外，“徐”是慢慢走，“徒”是步行，“径”是人和马走的小路，“徘徊”是在一个地方来回地走。可见“双人旁”的字本义大都与走路有关。

“下雨天留客天留人不留”，到底留不留客呢？

从前有一位书生，一天到亲戚家串门，不一会儿，天下起了大雨，到傍晚也没有停下的意思。这位书生就打算住一夜再回。但亲戚不太乐意，又不好明说，就写了一句话：“下雨天留客天留人不留。”书生一看就明白亲戚的意思了，亲戚是想让他赶紧走：“下雨，天留客，天留，人不留。”这是个陈述句，明确表达了亲戚不留人的意思。书生虽然懂了，但是故意曲解，改了几个标点，意思就完全不同了：“下雨天，留客天，留人不？留！”

这一下句子的意思完全改变了，亲戚虽然不乐意，到底不愿意撕破脸，只好认了。

可见，标点虽然不像字一样，有各种意思，但它有时能起到关键作用。在不同的位置，标点居然可以使一个句子的意思发生天翻地覆的变化，真的不可小觑。

其实，这句话除了上述两种标点方式，还另有两种标点法，可分别使它变成疑问、问答两种句式。

疑问：下雨天，留客天，留人？不留？

问答：下雨天留客，天留人不？留！

“一”不是读一声吗？为什么有时也读二声和四声呢？

如果留心，你会发现很多字的读音在实际对话中会发生变化。这不是误读，而是一种连读变调现象，就是在说话的过程中，由于音节和音节相连发声时相互发生影响，导致其中一些音节的音调发生改变。我们通常把一个音节单念时的音调叫“本调”，音节相连时本调发生了变化就叫“变调”。如“一”读一声是本调，在“更上一层楼”里读四声就是变调。

严格来讲，变调的现象在普通话的四个声调中都是存在着的，但是以三声的变调最为突出，三声的变调有两种：（1）两个三声字相连，第一个三声变为二声，如“雨水”听起来跟“鱼水”一样；（2）三声字后边如果跟着一个非三声字，三声听起来就像只读了一半，后一半向上升的音调就不见了，大家可以对比一下“许多”和“允许”中的“许”，“假如”和“真假”中的“假”读音的差别。

除了三声变调之外，还有几个字的特殊变调也很重要。

之前提到的“一”，它在单读或词句末尾的情况下读一声，如：第一、十一、统一。但在下面三种情况下会发生音变：（1）在四声字前面变为二声，如：一片、一致、一共；（2）在非四声字前面变为四声，如：一天、一年、一米、一层；（3）夹在重叠的动词当中变为轻声，如：看一看，读一读。

另外再说说“不”的变调。“不”的本调是四声，在单读、非四声字前或者词句末尾时都读本调，在下面两种情况下会发生变调：（1）在四声字前面变为二声，如：不但、学而不厌；（2）夹在词语中间时变为轻声，如：说不定、睡不好。

“东边日出西边雨，道是无晴却有晴”，为什么说“无晴”又“有晴”呢？

原来，“东边日出西边雨，道是无晴却有晴”这两句诗使用了特别的修辞手法——谐音双关，表面看来，不过是下雨天晴的事儿，“东边日出”是“有晴”，“西边雨”是“无晴”，实际却通过“情”“晴”同音，而暗示“有情”“无情”的儿女情愫。这是一个巧妙的隐喻，语意双关，内涵丰富。

别小看这个修辞，本来平凡普通的句子就变得奇妙了。它不再指一种天气，而是指人们内心那种琢磨和纠结、不安和希望、忐忑的心情。而诗的表现形式是如此含蓄，让读者也禁不住揣摩再三：那唱歌的男子是有情还是无情呢？

少女到底还是乐观的，句中的“有”“无”两字中，着重的是“有”，可见她还是认为男子对她有“情”。而这种温柔旖旎的情怀，表现得是那么含蓄，又是那么自然，充满了美感。因此，这两句诗歌总是受到人们的喜爱。

用谐音双关语来表达思想感情，是我国从古代到现代民歌中常用的一种表现手法。先秦诗歌《越人歌》里，就有一句“山有木兮木有枝，心悦君兮君不知”，在这里“枝”“知”同音，女子含蓄地向心中的爱人表达思慕之意，前半句是以景入情，重点却落在下半句的抒情，在优美的韵律中留下悠远的回味。

“桃花潭水深千尺，不及汪伦送我情”，桃花潭的水真的有千尺深吗？

据说，当时安徽泾县一带有个叫汪伦的人，他和李白并不相识，却给李白写了封信，邀请他来游玩。这封信写得很有诱惑力，里面有这样的句子：“先生，你喜欢游玩吗？这里有十里桃花；先生，你喜欢喝酒吗？这里有万家酒店。”李白经不住诱惑，高高兴兴地去了。当李白问起十里桃花和万家酒店时，汪伦就跟他坦白了：“桃花者，潭水名也，并无桃花；万家者，店主人姓万也，并无万家酒店。”他这幽默风趣的坦白，不仅没让李白气恼，反而还引得他大笑。

尽兴地玩了几天之后，临别前，李白下了一首叫《赠汪伦》的诗：

李白乘舟将欲行，忽闻岸上踏歌声。

桃花潭水深千尺，不及汪伦送我情。

这首诗真诚自然，最后两句“桃花潭水深千尺，不及汪伦送我情”运用了比喻的修辞方法。“汪伦送我情”本来是一句平淡的描述句，如果仅仅只有这么一句，外人就很难体会这份情谊到底有多深？诗人的高妙之处，就在于先使用“桃花潭水深千尺”，以具体直观的画面冲击人们的心灵，更进一步的是，即使是“深千尺”的“桃花潭水”，还“不及”汪伦对诗人的那份感情。虽然是比喻，但与普通的比喻还不一样，这是一种“程度不等的比喻”，它更突出了“桃花潭水”的特征，而使得“汪伦送我情”得到更有力的强调。

在比喻之外，诗人还使用了夸张的修辞手法，桃花潭水不一定“深千尺”，但“深千尺”的用法却有着强烈的情感色彩，更能打动读者。

为什么把单老师叫成Dān老师，把查老师叫成Chá老师，是一件尴尬的事？

一般人都知道，“简单”的“单”读dān，“检查”的“查”读chá，但并不是所有人都知道，这两个字在作姓用时却读Shàn和Zhā，如著名评书表演大师单田芳，知名武侠小说作家金庸的原名叫查良镛。其实，中国人的姓氏来源十分复杂，尤其是一些不常见的姓氏常常容易被读错或写错。在生活中，弄错别人的姓氏，不仅会给实际生活带来不便，同时也是对他人的不尊重。

除了“单”“查”之外，还有很多姓氏的读音都和常用字的读音不同。

比如“仇”，我们知道它的常用字义是“仇恨”，常用的读音是chóu。但是，作为姓氏，仇却读Qiú。据说，仇姓的祖先是春秋时期宋国的大夫仇牧，他姓子。本来姓子的人，是如何成为姓仇的人的祖先呢？说来话长，这个姓氏的出现与公元前682

年宋国发生的一场内乱有关。据《左传》记载，这场内乱史称“南宫万之乱”。一次，宋国的卿士南宫万与宋闵公在一起下棋。宋闵公输了，心里很不舒服，恼羞成怒，就讥讽南宫万。南宫万虽然下棋厉害，却是一介武夫，说不过宋闵公，一时恼怒焦躁，拿起棋盘竟然把宋闵公拍死了。仇牧听说后，马上率领军队与南宫万在公门开战。两人搏斗了一番，结果仇牧到底没打赢这莽夫，而是“齿著门阖死”。仇牧虽然死了，但虽死犹荣，他的忠君爱国精神为后人深深敬仰，甚至他的后人从此就以他的名为姓了。

又如，“句”作姓氏时读Gōu，“区”作姓氏时读Ōu，“繁”作姓氏时读Pó，“员”作姓氏时读Yùn，“蕃”作姓氏时读Pí，“尉迟”作姓氏时读“Yùchí”，“解”作姓氏时读Xiè，“种”作姓氏时读Chóng。

这里举例说明的仅是姓氏里很小的一部分，要想完全掌握，还需要多查多看。

形容心神不宁的“忐忑”一词居然来自古希腊神话，这是怎么回事？

据说，宙斯之子Tantalos是腓尼基国王。他泄露了天机，又得罪了奥林匹亚山上的众神，因此被宙斯处以重罚。宙斯罚他站在齐下巴深的水里，水面之上，有结满美味果实的树枝垂下来，正垂在他眼前。可是，他想要抬头去够果子时，下垂的树枝却突然上升，让他怎么也吃不着。这也罢了，他天天泡在深水里，但每当要低头喝水时，这水竟然退去了，让他怎么也喝不着，因此Tantalos整天处于饥渴之中，可是他越饥渴，果实和水的诱惑就越大，然而诱惑越大，他越无法满足。这种惩罚真可谓煎熬，而这种煎熬的心理状态后来有了专门的词来表示，就是他的名字Tantalos。

Tantalos在公元前1世纪就出现于古拉丁语，后来又辗转传到中国。古代中国人结合古希腊神话里的内容，又结合汉语自身的特点，创造出“忐忑”这一形象有趣的词。这是一个明显的会意字，“心”一上一下，心中不安，是不是很能表达它在古希腊神话里的神韵？至于“忐忑”的读音，则自然而然地用了近似Tantalos的读音tǎn tè。

“忐忑”一经引进，就频频出现在各种场合，用来指内心的不安。如元代杂剧《长生殿》里有“意儿中忐忑，心儿里怯”的句子，明代小说《西游记》中有“八戒闻言，心中忐忑”的说法，都是指内心的不安。在现代汉语里，“忐忑”也是常用词语。

“顺口溜”怎样才能“顺口”？

按照《现代汉语词典》的解释，“顺口溜”是指“民间流行的一种口头韵文，句子长短不齐，纯用口语，念起来很顺口”。

所以，既然是顺口溜，首先就要顺口。怎么才能顺口？当然“押韵”少不了。押韵后不仅读起来音韵和谐，悦耳动听，而且还容易记忆。

除了押韵，节奏也是很重要的。顺口溜有自己的节奏感，一张一弛，像一边打拍子一边说话。一般是两字一拍，也有一字一拍或三字一拍的，读起来跌宕起伏、错落有致。这在四字句、五字句、六字句、七字句上体现得最为明显。

顺口溜不仅在音韵和节奏上很有特点，而且遣词造句也是活泼精到。顺口溜一般善于描摹，比如“穿着料子，挺着肚子，拖着调子，画着圈子”，虽然是白描，但鲜明的人物形象如在眼前。另外，顺口溜很讲究句式整齐，语句与语句之间，不仅字数相等，而且句式相同，甚至连词性也很对应，比如“大口大口吃饭，小步小步走路”等。

当然，顺口溜不同于正式公文，它非常口语化，所以常会出现一些搭配异常的句子，虽然从语法的角度看不一定规范，却能被理解，反而更受欢迎。顺口溜还会自然而然省略很多句子成分，如：坐着车子转，隔着玻璃看，中午吃顿饭。虽然省略了，但是大家都明白，反而简洁明了，读起来不累赘。

顺口溜更大的语言特色体现在修辞上。从比喻、借代、双关、夸张、仿用到排比、对偶、顶针、回环、反语等，一系列传统修辞都会派上用场。

值得注意的是，由于顺口溜好念好记，用在学习中非常便利，如把很多地理常识变成顺口溜就非常容易记牢，有一个关于“昼夜交替和四季变化”的顺口溜：地球自

转，昼夜更换。绕日公转，四季出现。自转一日，公转一年。自西向东，方向不变。这样多背诵几遍，很快就能记得牢固了。

歇后语为什么分为前后两部分？

其实，歇后语由来已久。“歇后”的名称最早出现在唐代，但它作为一种语言形式和语言现象，却远在先秦时期就已经出现了。如《战国策》里有“亡羊而补牢，未为迟也”的句子，意思就是丢失了羊再去修补羊圈，还不算太晚，这个就是我们今天所说的歇后语。

歇后语是劳动人民在生活实践中创造的一种特殊语言形式，它生动形象，充满了智慧。歇后语一般由前后两个部分组成，前半截是形象的比喻，像谜面，是引子。后半截是解释、说明，像谜底，十分自然贴切。

歇后语的分类，有各种不同分法，比较简洁的是把歇后语分成两种类型：

一种是逻辑推理式的，后半部分是从前半截比喻部分推理的结果。如“水仙不开花——装蒜”“哑巴吃黄连——有苦说不出”“对牛弹琴——白费劲”等；还有一种是谐音的歇后语，它在前面一种类型的基础上加入了谐音的要素。例如：昭君娘娘和番——出色（塞），外甥打灯笼——照旧（舅）等。这两种分法几乎囊括了所有歇后语的类型。

歇后语带有鲜明的民间特色，生活气息浓郁，大部分歇后语都十分幽默，耐人寻味。不过，虽然它们在民间流传很广，却很少有文字记载，是一种存活于人们口头的鲜活语言。

连苏东坡也闻所未闻的“皛饭”是什么饭？

汉字中的“品”字结构酷似“金三角”，字形很有特色。有许多汉字都有这一字型结构，我们可以分几类：

五行：指金、木、水、火、土，它们都能组成品字结构的字。鑫（xīn），指财富兴盛，多用于商店牌号或人名。“金”本来就是财富，三个“金”字垒成金字塔形状，当然是财富兴盛了。森，树木众多，繁密。淼（miǎo），本义是水大、水面辽阔的样子。焱（yàn），火花、火焰。垚（yáo），这个字不常见，意思是“山高”。

六畜：指六种家畜，牛、马、羊、猪、狗、鸡。除了猪和鸡，其他的字都能组成品字结构的字。犇（bēn），“奔”的异体字，意思是急走、跑。骉（biāo），众马奔腾的样子。羴（shān），“膻”的异体字，羊肉一类的气味。猋（biāo），本义是狗奔跑的样子，形容迅速，通“飙”，指暴风、旋风，猋升（飙升）的意思是急速上升。

其他如“众、晶、磊、矗”都是我们常见的，还有聶（niè），是“聂”的繁体字。轟（hōng），“轰”的繁字体。毳（cuì），鸟兽的毛。蟲（chóng），“虫”的繁体字。

有关“品”字结构的字，还有个趣味故事，是关于“皛（xiǎo）饭”的故事。

话说苏轼有个朋友叫刘贡父，一天苏轼与他闲聊，说自己当年在家乡读书时，每天吃的是“三白饭”，这饭吃起来很香甜，真是人间美味。刘贡父不由得好奇了，这可是闻所未闻，就请教苏轼什么叫“三白饭”。苏轼哈哈笑道：“一撮盐，一碟生萝卜，一碗米饭，这就是三白饭。”刘贡父听了连连称妙，记在心里。

过了一段时间，刘贡父请苏轼去吃饭，吃的什么呢？“皛”饭。这个饭，苏轼也是闻所未闻，应该很特别吧。因此，他十分向往，到了饭点就欣然前往，坐到刘贡父家的餐桌前。结果，刘贡父招待他吃什么呢？一撮盐，一碟生萝卜，一碗米饭！这不是“三白饭”吗？三“白”，组合起来就是“皛”啊！苏轼恍然大悟，原来自己上当了。

“吴侬软语”为什么听起来那么“软”？

“吴侬”，简单来说就是“吴人”，意思是使用吴方言的人。吴方言是一种很古老的方言，保留了较多古汉语因素，主要通行于中国江苏南部、上海、浙江大部分地区、安徽南部、江西东北部和福建西北部及香港、台湾、旧金山等地说吴语的华人中间，使

用人口约八千万，在中国方言使用人口数量中排第二位。在这些地区的方言中，"侬"实际是"人"字的变音。到后来，"侬"又分化为表示我、你、他的人称代词。

吴方言中音韵美的代表当属苏州话，其最大的特点就是"软"，尤其女孩子说来更为动听，一波三折，珠圆玉润。苏州话语调平和而不失抑扬，语速适中而不失顿挫，发音部位在口腔中较靠前靠上，这种发音方式有些低吟浅唱的感觉。

苏州话至今保留了相当多的古音，使用很多古文中的用法，有着浓浓的古意和书卷气。如苏州人说"不"为"弗"，句子结尾的语气词不用"了"，而用"哉"。苏州话还特别形象生动，惯用叠字，比如说对动物的称呼：鸭哩哩（鸭）、鸡咕咕（鸡）、羊咩咩（羊）；又比如对颜色的称呼：蜡蜡黄——非常黄、旭旭红——非常红、碧碧绿——非常绿。最经典的评论苏州话的故事莫过于两个苏州人在吵架时说"阿要拨侬两记耳光搭搭"，意思是"要不要给你两记耳光尝尝"，说话声音柔和，而且用的是商量的口吻，虽是吵架，在外地人听来却也舒缓动听。同属吴方言语系的其他几种方言，如无锡话、嘉兴话、绍兴话、宁波话等都不如苏州话来得温软，以至于有人过分夸张地说"宁与苏州人吵架，不与宁波人说话"。

再如苏州评弹，抑扬顿挫，回环多姿，仿佛令人领略到潺潺流水的颤动，真是软语连绵，余音回绕，令人陶醉。

为什么英语由一个个字母组成，而汉字是方块字呢？

世界上的文字种类很多，有的文字学家根据它们表达方式的不同，将世界上的文字分为两大类：表音文字和表意文字。

英语是一种表音文字。表音文字的特点是，用语音来表示语言，少量字母经过各种组合，表示不同的读音，不同的读音又表示不同的意义，因此，我们看到的英语都是由一个个字母连接而成的。表音文字形和音的联系是有规律的，"见形知音"是表音文字的普遍特征。

而汉字的情况就比较特别，汉字是从图画文字脱胎而来的，早期汉字图画意味非常浓，比如象形字，从字面上就能看出它表示的是什么意思，因此可以说其特征是“见形知意”。但到了后来，汉字中表音成分大大增加，纯粹表音的假借字还在普遍使用，同时，形声字的数量异军突起，现在90%左右的汉字都有着起表音作用的偏旁。可以说，秦代小篆以前的古代汉字是表意文字，比如象形字，汉代隶书以后的近现代汉字是表意兼表音的文字。

由于早期汉字在使用中不断符号化，象形的曲线型线条不断减少，而直线型线条逐渐增多，同时，由于汉字中平直的横笔和垂直的竖笔使用频率最高，这就为整个字形奠定了方正的骨架，汉字便出现了一种方块形趋势。这种趋势在商代后期的甲骨文中就已经呈现出来了，西周时的金文竖长方形特征已非常明显，秦代的小篆一般都是均匀整齐的竖长方形。汉代的隶书由小篆的长方形一变而为扁方形，魏晋以后的楷书避小篆之“长”与隶书之“扁”，定形于正方形。现代印刷体的各种字体，有的是在正方形的基础上略有调整，但无论怎样变化，字形都严格地限制在一个无形的方格之内，毫无例外。这种正方形字形不仅书写方便，在印刷排版、阅读等方面也都显出很强的优越性，因此长期使用，至今不变。

此外，汉民族在造型美学上求方正、尚平稳，这恐怕也是汉字方块形特征形成并保持的因素之一。

为什么将乱写乱画称为“涂鸦”，而不是“涂鸡”“涂鹅”呢？

原来，“涂鸦”这个词是有来历的。唐代有个诗人叫卢仝（tóng），他有个顽皮的儿子叫添丁。添丁喜欢乱涂乱写，常常把卢仝的书册弄得又脏又乱。卢仝对这个孩子真是又爱又恼，想要惩罚他，自己又舍不得，真是无奈。最后，他发挥诗人的特殊优势，写了一首诗，诗中有一句：“忽来案上翻墨汁，涂抹诗书如老鸦。”这一句惟妙惟肖，道出儿子的顽皮和自己的无奈，生动有趣。这句诗里的“涂鸦”二字逐渐流传出去，使用至今。“涂鸦”一般用来比喻书画或文字幼稚拙劣，多用作谦词。

现代意义上的“涂鸦”除了保留着过去的含义，还具备多重文化内涵。现在，凡是

街头建筑物的墙壁上所出现的各类色彩鲜艳的图案或奇形怪状的文字，均可被称为“涂鸦”。这是一种结合了“嘻哈”文化的涂写艺术，形成于20世纪70年代初的纽约，后来在全世界流行开来。这种“涂鸦”是一种特殊的表达方式，并不是指创作的拙劣。当然，无视城市管理的创作，依然是一种乱写乱画，所以，叫它们“涂鸦”也是顺理成章的事情了。

为什么把经久不衰的著作尊称为经典?

经典就是大浪淘沙沉淀下来的东西，在古今中外的各个知识领域，那些典范性、权威性的著作，就是经典。尤其是那些重大原创、奠基性的著作，更被单称为“经”，如“四书五经”中的“经”指《诗经》《尚书》《礼记》《易经》《春秋》这几部儒家学派的著作。

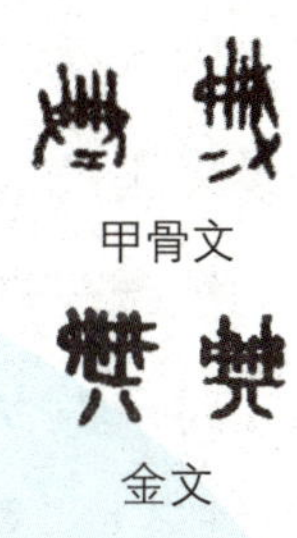
甲骨文
金文

“典”是个会意字。从甲骨文字形看,上面是几根编连起来的“木棒”，这是“册”的甲骨文字形,下面的“二”就是表示铺放“册”的案桌。为什么要放到案桌上呢? 这是因为某些记载重要内容的“册”是很珍贵的，而这些简册也往往比较长，用手拿着读比较费力。为了表示重要性，往往要把它放到一个专门的小案桌上。右边那个甲骨文“典”字的右下方还多了一个类似于十字的部件，这在古汉字里面表示手，总体来看就是一个人在翻阅放在案桌上的简册。金文是比甲骨文稍微晚一些的文字，我们可以看一下金文的两个“典”字。在金文中，“典”已经很接近我们现在所常用的字形了: 上面是“册”，下面的部件由“二”变为一个类似于π的字——我们现在常用的“几(jī)”字，例如茶几、案几等。因此，在金文中，“典”字的意思就被完整地表述出来: 放在案几上的简册。可以说，“典”就是“册”中的贵族。“典”的意思就是“被尊为准则或者规范的书籍”，我们现在常说的“经典”“典籍”“法典”等，都是这个意思。

为什么把富家子弟称为“纨绔子弟”呢?

这要从古代人们的服饰说起。古时候，“上衣下裳(cháng)”是最早最普遍的一种穿着形式。穿在上身的衣服统称为“衣”，下身的叫作“裳”。裳是什么样的呢?它很像我们现在穿的裙子，一开始是用几块布拼合而成，围在下身，腰上系一条带子固定，两侧还会留一条缝隙，方便走路。后来干脆把缝也合上，就成了现在的裙子，无论男女都穿这种裙子。所以，才会出现《诗经》里说的情景：东方未明，颠倒衣裳。是说天还没有亮，一个人急急忙忙起身穿衣，结果上衣和裙子都穿颠倒了。而如果是我们现在的上衣和裤子，是不可能上下颠倒的，所以，古代的“衣裳(cháng)”和现代的“衣裳(shang)”不太一样。

我们说的“裳”，是古人穿在最外面的一层，里面还有贴身衣服，是两只套在小腿上的布套，古时候人们称为“胫(jìng)衣”，“胫”就是指小腿，后来也把“胫衣”叫作“袴(kù)”，有时又写成“绔”。这种“裤子”穿在裳的里面，起保暖的作用，相当于现在的内衣裤。因为“胫衣”不是穿在外面让人看的正式服饰，所以普通百姓只会用做衣裳剩下的边角料简单缝制，只有一些富贵人家才会比较讲究，他们喜欢用细腻、优质的丝绸来做“胫衣”。“纨”即是很细的丝织品，细绢。“纨绔”就是用细绢布做成的胫衣。所以，人们就用“纨绔子弟”来形容富贵人家的下一代。

“髦”字看起来像不像一大把头发?“时髦”一词和头发有关吗?

很多汉字可以从字形或者偏旁猜出字义来，“髦”字也不例外。它的字形看起来好像迎风招展的头发，从造字方法来讲，“髦”属于会意字，从髟(biāo)，从毛。“髟”是长发下垂的样子，本义是毛发中的长毫，“髦”也是同样的意思。

“髦”也指某些哺乳动物颈部周围生长的又长又密的毛，比如《礼记·曲礼》说“乘髦马”，“髦”指的就是马鬃。

髦还有一个意思，就是《尔雅》里写的“髦，俊也”。东晋训诂学家郭璞做出注解：“士中之俊，犹毛中之髦。”意思是说，俊才在人群中很突出，就如同长毫比较突出一样，因此“髦”也用来比喻杰出的英才。《后汉书》中就有“孝顺初立，时髦允集”的句子，这里的“时髦”指的就是当代的俊杰。

“髦”在古代也指女孩子垂于额头中央的短发，今天我们称为刘海。《诗经·鄘风·柏舟》中有“髧（dàn）彼两髦，实维我仪”的诗句，这里“髧”是头发下垂的样子，而“髦”即“发至眉”，指齐眉的头发。这句诗的意思是：垂发齐眉少年郎，是我心中好对象。而女孩子等到成年以后，有时为了梳妆的美观，依旧让额头上的头发自然下垂，如此看来，“时髦”和头发还是紧密相连的。

今天我们所说的“时髦”，是指符合潮流、风尚或流行方式，特别是在衣服或举止方面。时髦的东西通常会比较醒目，夺人眼球，这和“髦”字的本义“突出的长毫”语义上也有关联之处。

为什么用“足下”敬称朋友？

关于“足下”这个词的来历，有一段悲伤的故事。据史书记载，春秋时期，晋国的公子重耳在流亡期间，曾得到过介子推的舍命相助。后来，重耳重返晋国登上大位，成为历史上赫赫有名的晋文公。他登基后，要对逃亡中跟随自己的臣子论功行赏，众人纷纷邀功，介子推却带着母亲归隐了绵山。后来，晋文公想起了他的对自己的恩泽，请他下山受赏。介子推早已淡泊名利，坚持不接受。晋文公十分无奈，便使出了放火烧山的狠招，没想到介子推比他更狠，宁死也不从。在这把火熄灭之后，众人在满山灰烬中，找到了抱着一棵树被活活烧死的介子推和他的母亲。晋文公知道后伤心欲绝，然而后悔也来不及了。他除了命令下属厚葬介子推母子之外，还规定介子推母子烧死的那天不生明火，只吃冷食，“寒食节”由此而来。后来，他还令人将这棵树没有烧焦的剩余部分砍了下来，制成了一双木屐。每当他穿上这双鞋就难免睹物思人，不由得慨叹：“足下，悲乎！”“足下”这个词就这样产生了，用来表达睹物思人，怀念故人，后来才衍生出对朋友敬称的意思。比如《史记·项羽本纪》里就有“大将军足下”的敬称。

打油诗是去打酱油时做的诗吗？

其实，打油诗的由来与打酱油没有关系，它的名称与第一位打油诗人有关，这位诗人就叫张打油。张打油生于唐代，他本是无名小卒，但是，他的打油诗却深入人心。

这首诗的名字叫《咏雪》：“江上一笼统，井上黑窟窿。黄狗身上白，白狗身上肿。”虽然用词简单，甚至有些笨拙朴素，但是却十分贴切传神，全文虽然没有一个“雪”字，但从全貌到特写，从色彩到神韵，都将雪的特点描绘得如在眼前。更重要的是，这首诗写得非常生活化，雪不是不食人间烟火的仙子，而是邻家女孩，她态度亲和，幽默轻松，反而深得人心。所以，这首诗虽然俚俗，却一鸣惊人，从此开创了一个崭新的诗体——打油诗。

打油诗的由来还有另一个传说，主角仍然是张打油。据说有一年冬天，某位大官在宗祠祭祀的时候，竟然发现宗祠大殿的墙壁上写着一首诗：“六出九天雪飘飘，恰似玉女下琼瑶。有朝一日天晴了，使扫帚的使扫帚，使锹的使锹。”这首诗本来就很俗，还写在这么严肃的地方，自然惹恼了大官。一时间找不到“肇事者”，便有人把张打油抓来了，只是因为他平时就喜欢做这类诗。大官让他做一首诗，看看他到底是不是这首诗的作者。当时，正是安禄山兵困南阳郡的时候，张打油便以此为题，脱口吟道：“百万贼兵困南阳，也无援救也无粮。有朝一日城破了，哭爹的哭爹，哭娘的哭娘。”两首诗内容迥异，但都幽默风趣，一下子把大家逗笑了，连大官也忍俊不禁，破例饶了张打油。张打油从此远近闻名。后来，人们就把这类用俚语俗句、不求平仄对仗的诗称为打油诗。

绕口令绕口难说，为什么偏受人们喜欢呢?

首先，绕口令是有实用价值的。各种双声、叠韵词汇或者发音相同、相近的语词和容易混淆的字集中在一起说出来，一开始难免出错，但次数多了就会越来越熟练。长期练习绕口令，可以使人们的头脑变得更灵活，吐字变得更清晰，发声和气息也掌控得更好。因为可以锻炼人“舌”“唇”“齿”相互配合的技巧，绕口令还被形象地称为“口腔体操”。有些口吃的人，就是通过练习绕口令得到了治愈。绕口令还是学习语言艺术（如相声、快板等）的必修课。

除了实用价值，绕口令还有很浓的趣味性。绕口令的内容多半都很有趣，甚至有些荒诞，对比强烈。比如《捉兔》：“一位爷爷他姓顾，上街打醋又买布。买了布，打了醋，回头看见鹰抓兔。放下布，搁下醋，上前去追鹰和兔，飞了鹰，跑了兔。打翻醋，醋湿布。”这么一气儿将一个故事说完，的确是妙趣横生，观众也会因为敬佩和羡慕给予掌声。而且，也不用担心中间卡壳，如果说着说着卡了，那尴尬的场面也是相当好笑的。

这种乐趣，可不是简单普通的句子能够给予的哦!

为什么元宵节人们要猜灯谜呢?

灯谜是谜语的一种，只不过是写在彩灯上的，因此而得名。灯谜又叫灯虎，所以猜灯谜也叫“猜灯虎”。谜语最早出现在春秋战国时期，是一种口头创作，又叫“隐语”或“瘦辞”。发展到秦汉时期，民间口头谜语发展成一种书面创作。到了三国时期，猜谜已经开始盛行了。至于灯谜，则出现于宋代，人们将谜条系于五彩花灯上，供人猜射。明清时代，猜灯谜在民间十分流行。

关于灯谜的来历，有个有趣的故事。古时候有个财主，颇有家底，是个势利小人。当时有个叫王少的青年，家境贫寒，有一次，实在无法儿只好去财主笑面虎家借粮。笑面虎一看王少那身衣服，立马就把他赶出了大门。王少心里憋屈，便想了个办法来解气。元宵节那天，他扎了顶大花灯，来到笑面虎家门前。这花灯非常艳丽，引来很多人围观，连笑面虎也啧啧称奇，凑上前来观看。原来这灯除了好看，还有一个特别之处，就是题有一首诗。诗是这样写的：

头尖身细白如银，
上秤没有半毫分。
眼睛长在屁股上，
只认衣衫不认人。

看清楚诗之后，围观的人们哈哈大笑，笑面虎气得脸青一阵白一阵，指着王少就骂："好小子啊，胆敢来辱骂老爷我！给我砸！"家丁立马动手去抢花灯，王少忙挑起花灯说："老爷，你怎么生气了？难道觉得这首诗和你有关？其实，我这四句诗是个谜语，谜底就是'针'，你琢磨琢磨，是不是这么回事？这不过是个谜语，我可不是'针'对你来说的啊！你怎么会觉得是'针'对你呢？"

笑面虎一听，犯了愁：如果抢了花灯，岂不就承认了自己跟诗里描写的一样，是"眼睛长在屁股上，只认衣衫不认人"？这么一想，笑面虎气得干瞪眼，但又不好怎么样，只能灰溜溜地走开了。

周围的人看到这副情景，拍手称快。这件大快人心的事情很快就传开了，并且越传越远。第二年元宵节，竟然有很多人模仿王少，也将谜语写在花灯上，供人猜谜去了。渐渐地，猜灯谜就成了一种习俗，是元宵节不可或缺的一项娱乐活动。

为什么说"冠"不是一顶普通的帽子？

"冠"是帽子？肯定有人说一点也看不出它像一顶帽子！事实上，"冠"就是古代的一种帽子，并且还是贵族的帽子。从字形上看，"冠"由"冖""元""寸"三个部分组成，"元"的最初意思是"头"；"寸"本是用来衡量东西的，这里表示与法度、等级相关；"冖"像用一条丝巾盖在头上，并且不是普通人的头上，而是有地位的人的头上。其实从这个字里我们也可以看出，在古代的中国社会，社会等级区分是非常明显的，连戴帽子都不例外。

即使是贵族，“冠”也不是随便可以戴的，古代的贵族小孩并不戴冠，一个人要成长到二十岁的时候才戴冠，这就要举行古代的“冠礼”。“冠礼”在古代非常受重视，男子到了二十岁便要行“冠礼”，戴上“冠”。“戴冠”之后，社会和家庭就会以成年人的标准对待他，他对社会和家庭也负有一定的责任和义务了，他的一言一行就得符合社会道德。

有一个故事说明了“戴冠”在古代的重要性。在一次战争中，有一个叫子路的人的冠被敌人砍掉了，生死攸关的危急时刻，他认为“君子死可以，但是冠不能丢”。于是他毅然停下来整理自己的“冠”，结果被敌人杀死了。可见，古人把“冠”看得比生命还重要。而今天，我们大多只把帽子当作遮太阳、挡风雨、作装饰的工具，并且小孩也可以戴帽子。

“豆”最初是盛放食物的器具，为什么后来变成了食物?

“豆”是什么?是大豆吗?用今天的话来说是大豆，一点也没错。不过，“豆”有一个特殊的功能你们肯定猜不到，是什么?那得先看一看“豆”字在甲骨文中的写法：豆。从这个古老的字形里，我们可以看出，“豆”就像是一个有脚的托盘。不错，“豆”在最初指的并不是大豆，而是一种盛放食物的器具。上面那个圆圆的盘子是用来盛放食物的，下面有两只高脚支撑。

后来，这个古老的字形变化成了这样：豆，上面的大圆盘上独立出了一横。再到后来，两只平行的高脚下端靠拢了，就成了我们今天书写的“豆”字。也许我们会奇怪，“豆”是盛放食物的器具，那我们吃的大豆又怎么解释呢?原来在汉代以前，中国的豆类植物叫菽（shū）不叫豆，直到汉代以后，“豆”这个字才专门用来指豆类。

石“砲”与火“炮”，谁的威力更大？

“炮”这个字我们非常熟悉，“炮”不就是打仗的时候经常使用的炸死敌人的武器吗？不错，近现代的国家之间要是发生战争，这个“炮”是非用不可的。因为“炮”的威力非常强大，所以成为战争的必备武器。

那么，“砲”是个什么东西？其实，“砲”也念pào，而且它还是“炮”的哥哥呢！在古代的战争中，人们就是使用“砲”来杀死敌人的。我们仔细观察一下就会发现，古代的“砲”是石字旁，而近现代的“炮”是火字旁，这中间有什么秘密？

原来，古代的“砲”这种武器里面装的是石头，打仗的时候用绳子一拉，装在设计好的木架子上的石头便被抛出去，砸在敌人的头上，就可以把敌人杀死了。据说，唐朝大将李光弼制造出一种威力巨大的战砲，发射时要用200名士兵拉索，一次射出的石弹可杀敌数十人。因为发射的是石头，因此，“砲”字就是石字旁了。

后来时代进步了，人们设计出的战争武器也越来越先进。大约到了元朝，人们不再用人力去拉绳索来发射“砲”了，而是在“砲”里面装上了火药。火药制成的这种武器威力更大，它能杀死的敌人更多，因此，在战争中用石头砸人的石砲便渐渐不再受到欢迎。

既然这种武器发射的不再是石头，而是火药，这个“砲”字当然也就由石字旁改为火字旁，换成“炮”字了。

有一份说明书只有一个字，是哪个字？

“染”是由“水”“九”和“木”字组成的会意字。“木”指的是染料，古代的染料大多是古人从自然界的草木中获取的。史书上记载，最常用的染料来源是栀子树的果实和茜草的花。“水”是染色过程中必不可少的原料，靠它才能把颜色均匀地染在布帛上。“九”在古代常用来表示多数，这里指古人染色的重复次数很多，也指染色的过程。因此，从“染”字的结构来看，它就是一份只有一个字的说明书，记录了古人收集、

制作染料，再用染料给布帛上色的一整套方法。中华民族的印染业很早就积累了相当多的宝贵经验，在周朝时便已相当发达，有了专门负责印染的官员——“染人”。

后来，古人把用笔着墨水或颜料来写字作画也叫作“染”。给白色的布帛着色，尤其是着深色使其变暗，会给人一种布帛受到污染的感觉，由此，“染”又引申出“污染”和“玷污”的意思。

为什么说春秋时代的秦国是个大粮仓?

“秦”字的甲骨文写作，是个会意字，上面是两只手举着一把大木杵(chǔ)，下面是两个“禾”(成熟了的庄稼)。整个字表示双手举杵舂(chōng)谷，因此“秦”的本义便是粮食。“秦”的小篆写作，上面的“杵”更加逼真了，下面只保留了一个“禾”，书写也方便多了。而现在的“秦”字，“杵”已经和两只“手”融为了一体，成了“𡗗”字头，下面的“禾”还在。

既然“秦”的本义是粮食，那么春秋时代的秦国是否因粮食富足而得名呢?一点不错。很早以前，古代陕西一代的农业已经相当发达了，八百里秦川，自古以来就是大粮仓，所以秦国才能如此国富兵强。因此，“秦”是一个很能说明古代黄河流域一代农业社会生产力发展状况的字。

我们常说“买东西”，为什么不说“买南北”?

宋朝，有一位著名的思想家叫朱熹，他好学多问，爱钻“牛角尖”。有一天，朱熹在街上偶遇好友盛温和。朱熹看到盛温和手里拎着一个竹篮子，便笑着跟他打招呼:“好漂亮的一个竹篮子!是用来装什么的?”盛温和见是朱熹，存心要和他开个玩笑，便诙谐地说:“当然是用来装‘东西’啦!”

朱熹一头雾水，不明白他说的是什么意思，于是又问:“装‘东西’?‘东西’是什

么？那为何不装‘南北’呢？”

盛温和听了不觉失声笑道：“你呀，真是聪明一世，糊涂一时。我问你，东西南北中这五个方位是如何与金木水火土这‘五行’相对应的？”

朱熹这才恍然大悟，晃着脑袋很有兴致地说：“哦，哦……金木水火土，东西南北中，东方属木，西方属金，金木之类的物品，篮子里都能容纳得下，而南方属火，北方属水，这水火要是放进篮子里，要么漏掉要么就直接把篮子烧掉了！”说罢，两个人都乐得哈哈大笑起来。

除了这个小故事，还有很多关于“东西”一词来源的说法。

相传东汉时，洛阳和长安是当时商业繁华的城市，洛阳被称为“东京”，长安被称为“西京”。人们常去这两个地方购买货物，如果到东京购买，那就是买“东”，相对地，到西京购买的话就是买“西”。久而久之，“买东西”一词就流传开来了，“东西”也便成了货物的代名词。

当然，也有种说法认为，“东西”跟朱熹或东京、西京毫不相干，“东西”之所以能够表示物品，也许只是单纯因为古人们有意或无意借用了这两个字的读音而已。

文学长河

“杭育杭育”竟是我国古代最短的文学作品？这是怎么回事？

鲁迅先生说“杭育杭育”是文学作品，这样说来，它应该是我国古代最短的文学作品了。“杭育”就是今天所说的“哼哟”，它是一种劳动号子，怎么会是文学作品呢？这得从文学的起源说起。

当我们的祖先懂得劳动生产的时候，懂得人与人之间的感情交流的时候，文学就产生了。《淮南子·道应训》里说过这样的话：“今夫举大木者，前呼‘邪许’，后亦应之，此举重劝力之歌也。”意思是说，有两个人抬大木头，走在前面的人喊着“呀许”的号子，后面一个就应声随和着喊“呀许”，一方面为的是两人行动一致，好省力，另一方面也是相互鼓劲。“呀许”是劳动的号子，也是诗歌的萌芽。鲁迅先生在《门外文谈》一文中对《淮南子·道应训》中的这段话，做过生动的描述。他说：人类是在没有文字之前，就有了创作的，可惜没有人记下，也没有法子记下，那时，我们的祖先还是原始人，是连话也不会说的，为了共同劳作，必需发表意见，才渐渐地练出复杂的声音来，假如那时大家抬木头，都觉得吃力了，其中有一个第一次叫出了“杭育杭育”，那么，这就是创作；同伴听到后，感到佩服，便也借用起来，这就等于“杭育杭育”出版了；倘若用什么记号留存了下来，这就是文学；那个最先喊出“杭育杭育”的当然就是作家，也是文学家，是“杭育杭育派”了。

《诗经》原来叫《诗》或《诗三百》，为什么现在叫《诗经》呢？

据说，最先搜集的诗有三千多篇，那时称“诗”。司马迁的《史记·孔子世家》上说，孔子对三千多篇诗做过再删选整理，成为后世所见的305篇的定本，所以，在《论语》中，孔子多次称“诗”为“诗三百”。

《诗》被称为《诗经》是从西汉开始的。

汉代初期，以孔子、孟子为代表的儒家与以老子、庄子为代表的道家在政治、思想上的斗争相当激烈。儒家主张建立统一的大国，并推崇仁义思想和君臣伦理观念。这些思想与汉武帝时的国家形势和治国目标相适应，于是，汉武帝采纳了董仲舒等人的建议，下令“罢黜百家，独尊儒术”。从此，儒家的地位得到空前提升，凡是记载、传承儒家思想的著作都称为“经”书，《诗》或《诗三百》因传说孔子参与了编修，所以，也被认定为是儒家经典著作之一，从此被称为《诗经》。

《诗经》中为什么有那么多重复的诗句？

我们先来看一首《诗经》中的诗：

木 瓜

投我以木瓜，报之以琼琚（jū）。匪报也，永以为好也。

投我以木桃，报之以琼瑶。匪报也，永以为好也。

投我以木李，报之以琼玖。匪报也，永以为好也。

这首诗每段中只有两个字不同。为什么总是在重复？

原来，《诗经》开创了一种很有意思的艺术形式，后人叫它“重章叠唱”，就是意义相同的句子前后呼应，反复重叠出现。它常常用于表现诗歌中人物内心的一种回环往复、缠绵不尽或荡气回肠的强烈感情，给人以“百转千回”“绕梁三日”的感受。

《诗经》305篇中，有177篇采用了重章叠唱的结构手法，可以说重章叠唱是《诗经》创作结构的最主要形式。

重章叠唱的结构方式又分两种，第一种是整章每段都重复，每段的每个句式结构都差不多，甚至完全一样。各章的词句意思完全相同或基本相同，只是少数词语发生变化，但大多是同义词或近义词，反反复复出现，为的是强调诗歌所抒发的情感，如《木瓜》。

第二种是整首诗不是每段都采用重章叠唱的手法，只是部分段落重叠反复，如《子衿》：

青青子衿，悠悠我心。纵我不往，子宁不嗣（sì）音！

青青子佩，悠悠我思。纵我不往，子宁不来！

挑兮达兮，在城阙兮。一日不见，如三月兮！

全诗共三段，前两段采用了重章叠唱的结构手法，两段共有三个位置的词有变化，主人公通过想起恋人的“衿”（服装）和“佩”（佩饰），生出无限思念之情，而且埋怨恋人为什么不主动来见她。最后一章的结构自成，直接表达了“一日不见，如三月兮”的感情。

屈原写《离骚》是为了发泄心中的牢骚吗？

历代关于《离骚》这个名称的解释，据统计有六十六种说法之多，这里说说最有代表性的五种：一、东汉的班固认为：“离，犹遭也。骚，忧也。明己遭忧作辞也。”意思是说作“离骚”是因为遭受了忧患和忧伤。二、清代的钱澄之认为：“离为遭；骚为扰动。扰者，屈原以忠被馋，志不忘君，心烦意乱，去住不宁，故曰骚也。”意思是说，屈原本来对国君一片忠心，却遭受了奸臣小人的馋言陷害，因此心烦意乱。三、现代人游国恩认为，“离骚”是楚国古曲《劳商》的别名。四、现代人林庚认为，“离骚”就是“牢骚”，“离”的意思等于“牢”，意思是说，屈原写《离骚》是在发泄内心的“牢骚”。五、西汉的司马迁在《史记·屈原贾生列传》中说屈原是“忧愁幽思而作《离骚》”，意思是说他本来对国君忠心耿耿却遭受了忧患，对此，他做了深深的思考，然后创作了《离骚》。

这么多的解释，究竟哪一种才更贴近作品的意思呢？司马迁这样说明《离骚》的创作背景：“屈原放逐，乃赋《离骚》。”屈原意识到楚国的危险处境，深知楚国只有改革政治才能富强起来，才能与强秦抗衡。而他的主张，与一群只顾眼前利益的朝臣发生了尖锐的矛盾，这些人就在楚怀王面前说他的坏话。楚怀王昏庸浅薄，不辨是非，轻信小人的挑拨，不但不再采纳屈原的主张，还把他流放到边远的地方。

再来看看《离骚》的内容。屈原在诗歌的前半篇反复倾诉自己对楚国命运的担

忧，表达了他要求革新楚国政治的强烈愿望和坚持理想、虽遭受厄运也绝不与邪恶势力妥协的意志；后半篇通过书写神游天上的幻想与追求理想的实现，以及失败后想以身殉国的心愿，表达出热爱祖国的思想感情。由此可见，说他写《离骚》只是为了泄私愤而发“牢骚”是不可信的；把《离骚》等同于《劳商》的古曲名，完全脱离诗歌内容来理解，似乎太狭隘了。我们可以将班固、钱澄之、司马迁的解说综合起来理解，“离”就是“遭遇”的意思，“骚”就是“忧患”“忧愁”的意思。这样的理解，无论从屈原自己的命运来说，还是从楚国因为小人当道、国君昏庸而逐渐走向衰亡的命运来说，都是很符合的。

为什么有人说《论语》是孔子学生的课堂笔记？

翻开《论语》，我们会发现里面有两个字出现的次数特别多，就是“子曰”。这个“子”指的是我们中国最伟大的思想家、教育家孔子。“子曰”就是“孔子说”。既然《论语》里大多都是孔子所说的话，那么《论语》是孔子自己写的吗？不是的，这部书虽然记录了孔子的思想和言行，却并不是孔子亲笔所写。从“子曰”两个字可以知道，“子”并非孔子自称，而是学生对老师的称呼，是“先生”的意思。由此可见它是孔子弟子记录的孔子所说的一些话，就像是孔子学生的课堂笔记。所以《汉书·艺文志》中说：“当时弟子各有所记，夫子既卒，门人相与辑而论纂，故谓之《论语》。”

不过，《论语》中除了孔子弟子记录老师的话外，还有孔子的再传弟子记录的一些话语。从有些片段我们可以看得出来，比如其中有一则：

曾子有疾，召门弟子曰：“启予足！启予手！诗云‘战战兢兢，如临深渊，如履薄冰。’而今而后，吾知免夫！小子！”

曾子是孔子的学生曾参。门弟子就是曾参的学生。他生病后召来自己的学生，告诉他们一些话。这显然是曾子弟子记录下来的。曾子的弟子，也就是孔子的再传弟子。

像这样的情况，在《论语》里还有其他一些片段。所以我们说《论语》的文字是孔子弟子及再传弟子记录下来的。总的来说，我们现在并不能确定《论语》这部书到底是由哪些人写作并编辑成书的，但是，这是了解、研究孔子思想最重要的一部典籍。

战国时就有说唱音乐？据说发明者是荀子？

中国国学研究者认为，现在流行的说唱音乐RAP，发明者是生活在两千多年前战国末年的荀况。如果翻开他的著作《荀子》，其中的《成相篇》可以证明。

“相”是一种打击乐器，“成相”是流行在荀况所生活的时代的一种民间歌谣，表演者在“相”的节奏的伴奏中，边说边唱，形式完全与现代流行的RAP相同。值得注意的是，荀况写《成相篇》不是为了娱乐，而是因为他的政治抱负不能实现，就借用这种民间的通俗歌谣，把自己的治国理论唱出来，从而达到推广的目的。《成相篇》句式分两种，一是三字起的句式，节奏大致是“3+3+7（或9或11或13）”，二是四字起的句式，节奏大致是“4+7（或8）”，全篇五句押一个韵，至今诵读起来仍节奏清晰明快。这里试举两组句子为例：

治之经，礼与刑，君子以修百姓宁。明德慎罚，国家既治四海平。

意思是治理国家的关键，在于礼制与法令，礼使君子修身，法使百姓生活安宁。崇尚美德慎用刑法，国家得到治理天下就会太平。

听之经，明其请，参伍明谨施赏刑。显者必得，隐者复显民反诚。

意思是办理案件的关键，要明察秋毫，知晓国情民愿，错综复杂的情况辨析明确，谨慎施行赏罚。明摆着的事情必须做出实效，隐情要查明让百姓归心讲诚信。

第一组的句子是“3+3+7”式和“4+7”式，押的是“经”“刑”　“宁”“平”的韵，第二组的句子也是“3+3+7”式和“4+7”式，押的是“经”“请”“刑”“诚”的韵。虽然现在没有了“相”这样的打击乐器来伴奏，但完全可以按现在流行的RAP演唱方式来说唱《成相篇》全文，效果未必不及现代流行的RAP作品。

如果设立中国古代寓言创作奖，应该颁发给哪一位寓言创作大师呢？

寓言在我国春秋战国时代就已经盛行。最早把寓言作为独立的文学体裁来创作的是唐代的柳宗元，他有寓言故事集《三戒》，其中《黔之驴》的故事几乎人人皆知，但此书已经失传。现今能见到的历史上最早的寓言专集是《艾子杂说》，但没有留下作者姓名。明朝刘基的《郁离子》和宋濂的《龙门子凝道记》《燕书》都收录了大量的寓言。再后来，明代的方孝孺、江盈科、冯梦龙的作品中也有不少寓言，清代纪晓岚所著《阅微草堂笔记》和蒲松龄所著《聊斋志异》等也有许多寓言。

虽然我国古代有众多的优秀寓言家，但如果要颁发寓言创作大奖，庄子当之无愧。庄子是我国古代战国时期著名的思想家、哲学家、文学家，道家学说的主要创始人之一。他的代表作品为《庄子》，其中有大量寓言故事，像我们熟知的“朝三暮四”“井底之蛙”“邯郸学步”等都出自《庄子》。为什么说古代寓言创作大奖应该颁给庄子呢？首先，据《中国中学教学百科全书·语文卷》记载，《庄子》中共有寓言二百多个，单从量上PK，就可以独占鳌头；其二，寓言作为一种文学形式，就应独立成篇，而《庄子》中的寓言正呈现独立成篇的趋势，这为后来寓言走向成熟奠定了基础；其三，《庄子》中的寓言故事想象丰富奇特，为寓言创作开拓了浪漫主义新路；其四，《庄子》中的寓言自觉运用了各种艺术手段塑造形象，如虚构故事，将动物、植物及其他非生命的物体拟人化等也都是《庄子》开创的；其五，寓言的特点在于“寓较深的道理于简单的故事之中”，而《庄子》中的大部分寓言是用来论述庄子所崇尚的“道”，是作者对现实生活做了多方面观察后概括出来的东西，具有深刻的哲理性。

古代民歌是怎么留传到现在，让我们也能欣赏到的呢？

《诗经》是我国最早的诗歌总集，其中的民歌“国风”是怎样收入《诗经》的呢？

有两个途径，一是当时的周王室为了了解各诸侯国的民情，从朝廷派人到各地，一边考察一边收集，这就有了在朝廷把各地民歌汇总的机会，另一条途径是各诸侯国在向朝廷递交属地民情民俗等方面的材料时，也可能将本国民歌抄送给朝廷。不过，无论是采集而来的还是抄送而来的民歌，往往是粗俗浅陋的，朝廷会安排专人进行整理与加工。比如，传说孔子就参与了《诗经》的整理修改工作，最后结成集子，再下发到各地。于是，此地的民歌就可能传到彼地，超越了地域的限制。

在秦始皇统一天下之后，朝廷设立了专门管理音乐的官署，称为“乐府”，这一举动就是国家有意识收集和保存民歌的行为了。到了汉武帝时期，朝廷大规模扩建乐府，从民间搜集了大量诗歌，后人把这类诗歌统称为“乐府诗”。目前保存乐府诗最完备的总集为宋朝郭茂倩辑录的《乐府诗集》，收集了从传说中的陶唐氏时期的作品到五代时的歌谣与乐府，共计100卷。《乐府诗集》将乐府诗大体以民歌的内容、创作的时间、演唱的场合、演唱的方式等为标准，分成了12个专集。这很像我们现在的音乐制作公司制作的一张张专集，只是那时还只能用文字记录在纸帛上，不可能有音视频形式，但有了文字辑录，就能够世代留传下来了。

《短歌行》并不短，《长歌行》并不长，古人是不是拟标题时出了错？

曹操的《短歌行》全诗共32句，汉乐府民歌《长歌行》共10句。如果说二者的标题是按诗句的多少而定的话，显然不符合事实，那这里的长和短指的是什么呢？

我们今天学习古代的诗歌时，都是“有表情地朗诵”，而在古代，这些诗歌都是唱出来的，就像今天的流行歌曲。《短歌行》和《长歌行》就是两首歌，这里的“短”和“长”指的是演唱时声音的长短。“短歌行”演唱时声音要短促、激昂、铿锵、有力。如曹操在他的《短歌行》中以“周公吐哺”自喻，抒发他广揽天下奇才，想一统天下的雄心壮志。试想，有着这样主题的诗歌，怎么可能用绵长的音调唱出呢？而《长歌行》以“青青园中葵，朝露待日晞”开头，用“葵”这一种植物为意象起调，托物起兴，借景

抒情，委婉曲折，如果用“短歌行”的激昂之声来唱，恐怕就有失这首诗的本色了。

所以，“短歌行”与“长歌行”是乐府诗中两类不同的唱法，本来已经有了曲调，创作时直接填歌词就可以了，而填的歌词的字数与“短”和“长”是不相关的。

曹操《短歌行》中的“青青子衿，悠悠我心”是《诗经·子衿》中的一句，这算是抄袭吗？

曹操《短歌行》这首诗有一个有意思的现象，就是其中用到了不少其他诗作中的句子。“青青子衿，悠悠我心”出自《诗经·子衿》；“呦呦鹿鸣，食野之苹。我有嘉宾，鼓瑟吹笙”出自《诗经·鹿鸣》。难道曹操抄袭拼凑成了这首诗？我们仔细分析这几句在诗中的意思就可以发现，这并不是抄袭，而是一种化用。曹操在自己的诗作中赋予了这些句子新的内涵，新的生命。

《子衿》实际上是一首爱情诗，“青青子衿，悠悠我心”两句表达的是女子对于所爱之人的向往。曹操在表达了人生短暂的忧思之后转而用到这两句，意思是生命如此短暂让人伤悲，但是我仍然心有壮志，要定国安邦。而定国安邦需要招揽贤才，这里用这两句就是在表达对于贤才的渴慕，这种化用自然贴切。因为“青青子衿”，就是青色的衣襟，周代学生衣襟都是青色的，读书人就是知识与才能的象征，曹操需要的就是这样的人。所以说，引用这两句非常深切地表达出了曹操的心声。

《鹿鸣》是描写宴会欢乐场面的一首乐歌，它主要用来沟通主宾关系，表达一种和乐的氛围。“呦呦鹿鸣，食野之苹”两句表现鹿呼朋引伴地共同啃食苹草以引起人们美好的联想；“我有嘉宾，鼓瑟吹笙”则表达着主人热情、周到的姿态。曹操将这几句用在诗中就是在向贤才表达自己的接纳欢迎，也是向贤才表达自己的尊敬。让人们看到将来自己与曹操之间融洽的关系。所以这个化用也极其贴切地表达出了曹操的心声和向往。

如此说来，这首《短歌行》虽然用到了《诗经》里这么多句子，但是都赋予了这些句子新的内涵，而且恰切地表达了自己的情感和志意。这是一种再创作而并非抄袭。

左思的《三都赋》曾经使得"洛阳纸贵"，为什么一篇文学作品能让纸张价格上涨呢？

左思是西晋时代的一位作家。为了能够创作出让自己满意的《三都赋》，他准备了十年。在这十年里，他勤于阅读，多方向人请教。为了收集资料，他还请求去做秘书郎，以便于自己能够阅读到更多的书籍。他的家里，无论是庭院里、房门上，还是篱笆上，甚至厕所里，都放着纸笔，只要想起什么来，他就及时记下来。就这样，他终于写出了这一鸿篇巨制。

左思花费许多苦心写成了《三都赋》，但在一开始的时候，人们并不看重它，也没有觉得它多么出色。虽然如此，左思自己明白，这篇作品即使是和班固、张衡那样的汉赋创作名家相比也是毫不逊色的，只因为自己出身寒门，没有人愿意真正认真读一读《三都赋》，这也就导致没有多少人知道《三都赋》。怎么办呢？左思想到，皇甫谧（mì）是著名的学者，在当时极有声望。于是左思就带着自己的作品去拜访皇甫谧。皇甫谧读过《三都赋》，大为赞赏，并且为《三都赋》作了一篇序文。后来司空张华也读了这篇作品，张华感叹说："这个作品只有班固、张衡那样的大作家才能写出来啊，读了这篇赋，让人回味无穷，每读一次都有新的体会。"人们听说大学者皇甫谧和张华都这样称赞左思的《三都赋》，那么肯定是一篇奇作。于是一传十、十传百。那时还没有印刷术，所以只能相互传抄。要抄写它的人太多了，一时间洛阳城的纸张都被人们抢购一空，价格也随之上涨了，所以就有了"洛阳纸贵"的说法。由此我们可以看到当时《三都赋》是多么的受人欢迎。

《文选》中有《古诗十九首》，为什么将这十九首诗编在一起？它们很特别吗？

《文选》在《古诗十九首》这组诗之下有一个注释，说是因为不知道这些诗作的作者，所以将它们放在一起，称之为古诗。这组诗歌主要是一些游子思妇之词，即出

门在外谋求发展的游子和独守空闺的思妇的寂寞、孤独和失意。东汉中后期社会动荡，思想统治崩溃，士人在混乱的时代出门谋求发展，往往事不遂意。而独自留守在家的妻子也要经历分别和思念的痛苦。这种生活往往使他们产生生命短促，人生无常之感，这是《古诗十九首》的一个主题，比如《青青陵上柏》就说“人生天地间，忽如远行客”。在不稳定的生活中他们也往往追求及时行乐，这是《古诗十九首》表现的另一个主题。比如《生年不满百》中有“昼短苦夜长，何不秉烛游”这样的句子。当然这组诗最大的主题就是思念之情。比如思念游子的：“思君令人老，岁月忽已晚。”（《行行重行行》）思念故乡的：“还顾望旧乡，长路漫浩浩。”（《涉江采芙蓉》）思念妻子的：“上言长相思，下言久别离。”（《孟冬寒气至》）

这些作品不是一人一时所作，它们表达着东汉时代一个群体对自身生活的感受和关注，正是因为如此，它们才更容易引起他人的共鸣。这组诗也确实打动了一代又一代的人。梁代诗评家钟嵘说这组诗“文温而丽，意悲而远”，可谓“一字千金”。

“才高八斗”常用来形容一个人非常有才华，为什么是八斗而不是十斗？

“才高八斗”这个成语与南朝诗人谢灵运有关。

谢灵运是个非常有才华的人，是中国山水诗派的开创者。从他开始，中国诗史上才开始有人专门写作自然山水风景题材的诗。“池塘生春草，园柳变鸣禽”就是他的名句。他的文学创作在当时极负盛名，每每有新作品，人们便纷纷相互传写，很快大家就都知道他的新作了。对于自己的才华，谢灵运也是相当地自信，不过这并不表示他认为自己是天下最有才气的人。他最佩服的人是三国时候的曹植。他曾经说过：“天下之才一共有一石，曹子建占八斗，自己占一斗，当今的其他文人共分一斗。”“石”也是古代的容量词，一石等于十斗。曹子建就是曹植。在谢灵运的眼里，曹植的文才高不可攀，后人望尘莫及。所以，天下才，以十斗算，他一个人就可以占八斗。所以“八斗之才”确实是高才了。

天下有李白也不敢写的诗吗？

我们都知道李白擅长作诗，几乎无人能及。杜甫就曾说“李白一斗诗百篇”，意思是他喝下一斗酒，就会诗兴大发，许多诗句就涌现到他的笔端。然而，即便是李白也会有遇到强敌而自动收手的时候。这是怎么回事呢？

原来，他遇到的对手是崔颢（hào）。有一天，崔颢去武昌游玩。他到了天下四大名楼之一的黄鹤楼。站在黄鹤楼上，崔颢向四面极远之处望去，长江在此与最大的支流汉江交汇，江汉平原一望无垠。眼前的景象引起了崔颢无尽的思乡之情，于是他提笔写下了给黄鹤楼带来美名、也使自己诗名永传的《黄鹤楼》：

昔人已乘黄鹤去，此地空余黄鹤楼。
黄鹤一去不复返，白云千载空悠悠。
晴川历历汉阳树，芳草萋萋鹦鹉洲。
日暮乡关何处是？烟波江上使人愁。

崔颢这首诗境界辽阔，情思悠远，成为以黄鹤楼为题材的诗作的绝唱。传说李白来到黄鹤楼前的时候，也被这开阔又美丽的景色吸引，本想题一首诗在楼上，但是看到了崔颢的题诗，感觉自己想说的都被说尽，自己难以超越如此优秀的诗作，于是就此搁笔，并说：“眼前有景道不得，崔颢题诗在上头。”

李白、杜甫未被列入“唐宋八大家”，为什么没有人抱怨评选不公平？

李白与杜甫并称为“李杜”，他们在诗歌上的杰出成就，至今无人能够超越。可是他们居然双双未被列入“唐宋八大家”中，而且从来没有人出来为他们抱不平，这是为什么呢？

原来，“唐宋八大家”根本不是从诗歌创作成就的角度评选的，而是对我国唐、宋两代八位著名散文家的合称，他们是唐代的韩愈、柳宗元，宋代的欧阳修、苏洵、苏

轼、苏辙、王安石和曾巩。

最初将这八位作家的散文作品编选在一起刊行的是明朝初年朱右的《八先生文集》，后来唐顺之在《文编》一书中也选录了这八位唐宋作家的散文作品，明朝中期的古文家茅坤又对前两人编辑的书籍加以整理和编选，取名为《唐宋八大家文钞》，"唐宋八大家"从此得名。

"唐宋八大家"之首是韩愈。韩愈等人举起"复古"的旗帜，提倡向先秦与两汉时期的古文学习，借此来宣传自己的政治主张和儒家思想。他的主张得到了柳宗元等人的大力支持和社会上的广泛响应，逐渐形成了群众性的浪潮，压倒了当时盛行的骈文，形成了一次影响深远的"古文运动"。他们提出文章要以思想内容为第一，这是古文运动的基本理论；他们还重视作家的品德修养，重视写真情实感，强调语言不要陈旧，也不要空泛，要具有独创精神。他们一方面亲自实践，一方面又培养了许多青年作家，使古文运动的声势日渐壮大。

到了北宋，以欧阳修为代表，苏洵、苏轼、苏辙、王安石、曾巩为主将的散文家极力推崇"韩柳"，掀起了新一轮的古文运动。他们一方面反对晚唐以来的不良文风，一方面提倡继承韩愈的道统和文统，强调"文道统一"，"道"先于"文"的观点，写出了大量平易自然、有血有肉的散文，使散文走上了平易畅达、反映现实生活的道路。人们把唐代和宋代的两次古文运动称之为"唐宋古文运动"。

为什么在"男尊女卑"的封建社会，杜甫却说生男不如生女好呢？

唐玄宗天宝年间，朝廷为扩边频繁征战。朝廷大举征兵，补给兵力。《资治通鉴》里记载，杨国忠（时任宰相）派遣御史官到处抓人入伍，把抓到的人用枷锁押解到军营充军，父母送子，妻子送夫，场面凄惨。

杜甫把这一历史镜头写进了《兵车行》中。"归来头白还戍边"，这是在控诉丁壮们无限期地超期服役；"边庭流血成海水"，这是在控诉千百万战士战死沙场；"千

村万落生荆杞”，这是在控诉因男丁充军，全国一片凋敝；“县官急索租，租税从何出”，这是在控诉百姓连生计都不保，却还要承担沉重的赋税；“君不见青海头，古来白骨无人收”，这是在控诉战死沙场的将士们没有人收尸，都做了野鬼。

“信知生男恶，反是生女好。生女犹得嫁比邻，生男埋没随百草”，生个女儿，好歹还可以嫁给近邻；生个儿子，只能被征去沙场，战死荒野做野鬼。在这里，生儿生女“好”与“不好”，标准只有一个，那就是能否活下来。杜甫的《兵车行》揭示了朝廷发动长期战争给百姓带来的莫大灾难与痛苦，是对统治者穷兵黩武政策的控诉。

人们形容杜甫的诗风总爱用“沉郁顿挫”这个词，是因为他很忧郁吗？

“沉郁顿挫”这个词语来自杜甫自己的《进雕赋表》。仔细考察杜甫诗歌我们可以发现：沉郁，用于表现诗作情感的深沉苍凉；顿挫，主要表现在语言韵律上的屈折有力。

为什么杜甫的诗歌不像李白那样纵横驰骋，奔放飞扬呢？一个方面是杜甫的性格气质和李白大有不同。李白气质浪漫，而杜甫气质厚重理性。虽然他也有过青春飞扬的诗作，但那是极少数。另一个方面就是两人的生活环境、关注点不同。杜甫家道在父亲去世后变得困难起来，而他谋求仕途的发展也并不顺利。而且杜甫比李白小十一岁，他真正经历了唐代的由盛而衰，安史之乱带给唐朝的重创，他在飘泊流离中真正体会到了。虽然经受许多坎坷波折，但是杜甫从来没有忘记关心国家，关心苍生民众。他将自己的苦难生活与这个变乱的国家联系在一起，它们一同成了杜诗的主要题材，所以他的诗歌才有诗史的美誉，这也是他诗作具有沉郁特色的原因之一。他的诗作中容纳这个国家苦难中最生动的画面，而诗作中的情感是忧国忧民的，这样的情感表现出来就是深沉苍凉的。

在艺术追求上，杜甫曾这样说自己，“为人性僻耽佳句，语不惊人死不休”。他善于运用各种体式，使诗作在节奏上、语调上更加严正有力，有时甚至要故意打破格律

规则，使诗歌读起来失去表面的平衡与和谐，从而获得一种力度，便于表达他深沉又强烈的感情。所以他的诗作读起来多有一种顿挫之感，像他的《秋兴》《白帝城最高楼》等都是这样的作品。

为什么古人临行告别时要折一条柳枝握在手里?

在西安（古长安）城东有一条灞水，又名灞河，其上有灞桥。在汉代，灞河两岸广植柳树。从汉代起，人们从长安送别亲友去往东都洛阳或是江南等地都要送行过灞桥，并折柳相赠。因“柳”谐音“留”，有留恋不舍之意，希望被送走的亲友勿忘长安旧情，能够速去速回。所以，“灞桥柳”有了“送别”的象征意义，并被历代诗人引入诗作之中。

“折柳赠别”这个习俗到唐代更为盛行，而且形成了一套完整的“折柳之礼”。唐代的人们十分重视这种送别文化，一般身份较高的人或者文人雅士之流离开长安，都要在灞桥之上行折柳之礼。一时间自长乐门到灞桥这段大道上人们络绎不绝，都是来送人的。

其实，从《诗经·采薇》“昔我往矣，杨柳依依”起，柳就与中国赠别诗结下了不解之缘。汉代“折柳赠别”习俗不断传播开来，不再只限于在长安的灞桥，也不一定要有折柳的形式，而成为一种意象引入诗词成为象征。所以，古代的赠别诗，大都会写到“柳”。这样看来，王维在送朋友元二西出阳关时，虽然没有折柳，但以客舍旁的“柳色新”来烘托送别饯行宴劝酒时的离愁与感伤之情，就是源于“折柳赠别”的传统习俗与文化。到后来，不只是写送别的诗词才写柳，就是游子看见他乡之柳也会生出思乡之愁，白居易《青门柳》的“青青一树伤心色，曾入几人离恨中”，以及当代词人刘清莲《诉衷情·烟柳》中的“依依烟柳挽行舟，鸥鹭逐潮头”。

因为一首诗得罪皇帝？孟浩然到底写了什么诗让皇帝如此不悦？

孟浩然是唐代山水田园诗派的重要代表，我们学习过很多他的诗歌，其中《春晓》最为人们所熟知，可他却因一句诗得罪了皇帝，从而失去了当官的机会。

有一次，王维邀请孟浩然到自己办公的地方谈论诗文。两人正在交谈的时候，忽听人传皇帝唐玄宗驾到。当时，孟浩然吓坏了，慌忙之间就藏在了座位下面。唐玄宗进门来，王维对玄宗行过礼后，就向唐玄宗说，孟浩然在此。唐玄宗非但没有生气，反而很高兴，说："我听说这个人好久了，正想要见见他呢。"于是，孟浩然拜见了唐玄宗。唐玄宗问他近来写些什么诗，孟浩然就将自己的一首《岁暮归南山》念给他听："北阙休上书，南山归敝庐。不才明主弃，多病故人疏。"这是诗的前四句，说的是不再给皇帝上书，收拾行装回到自己破旧的家中。自己没什么才能，所以圣明的皇帝也不会喜欢自己。自己身体多病，以前的朋友来往越来越少了。这几句诗表达了一种不为人所用的孤独与苦闷，是孟浩然在追求仕途没有进展的时候发牢骚而写的诗作。唐玄宗觉得孟浩然好像是在指责自己，而且他也不喜欢孟浩然这种自怨自艾的样子。所以唐玄宗听了这首诗有些不高兴，他对孟浩然说："我没有放弃过你，是你自己不求进取，反倒写出这种作品来埋怨别人。"最后唐玄宗没有给孟浩然安排官职，让他回家去了。

唐代有位文学家敢跟凶猛的鳄鱼谈判，而且还成功了，难道他还兼职做驯兽师？

在公元819年的时候，韩愈被唐宪宗贬到潮州做刺史。他刚到潮州就听说当地有鳄鱼为害，咬伤百姓、牲畜、其他动物等等。当地人心惶惶，不得安宁。于是韩愈写了一篇《祭鳄鱼文》，训诫鳄鱼，让它们搬迁离开此地。

韩愈在这篇文章里说，派人给恶溪的鳄鱼送去一头羊，一头猪，并警告鳄鱼们：

古时候圣王贤明，为了百姓安居乐业，会驱赶那些凶残的野兽到四海之外。后来帝王们的德行浅薄，长江汉水一带都留给了蛮夷之人，更何况天高皇帝远的潮州呢，所以这个地方有鳄鱼扰民也是自然的。可是，如今是大唐的天下，皇帝圣明英武，爱护百姓，四海之内皆是百姓安居之所。我被派来管理潮州之地，鳄鱼怎么可以与我同处此地。

鳄鱼们听着，潮州之南是大海，无论鲸鱼还是虾蟹都会归于大海，鳄鱼一天就可以迁徙到那里。今天我与你们做一个约定，七日为限，你们赶紧迁徙到大海里去，不然的话，我将选拔官员和百姓，制造弓弩，将此处的鳄鱼赶尽杀绝。你们不要后悔！

韩愈将此文读给鳄鱼听后，几天之后溪水就干掉了，鳄鱼们乖乖地迁到了距离此地六十里的地方。潮州从此就没有鳄鱼出没伤及人畜了。

唐代有一位作家擅长写动物寓言，他是谁呢？

寓言是一种文学体裁，它往往通过假托的故事或者拟人的手法来告诉人们一个道理。唐代就有一位善于写寓言故事的作家，他叫柳宗元。他写过什么故事呢？

有个故事叫《黔之驴》。在黔这个地方原本没有驴，有个好事的人就带了一头驴到黔地，驴到此地又没什么用，好事的人就把驴放在山下了。山中的老虎从来没见过驴，它看驴体型庞大，以为是什么神物，于是躲在树林里偷偷地看。一天，驴鸣叫了一声，把老虎吓坏了，以为驴要吃掉自己，赶紧跑掉了。老虎见驴并没有追上来，又走回来，这样来来回回，老虎发现驴并没有什么危险，于是慢慢靠近它，骚扰它。驴烦了就踢它一下。这下老虎明白了，驴就这点本事，于是张开大口，咆哮着冲向这头驴，咬断了它的脖子，把它吃掉了。

这个故事告诉我们即使体型庞大，声音洪亮，但是外强中干，不懂得收敛自保的人，终究会被吃掉的。

像这样寓意深刻的寓言，柳宗元还写过一些，比如《永某氏之鼠》《蝜蝂（fùbǎn）传》等，用寓言的方式告诉我们生活中的现象和道理，读来有趣，令人印象深刻。

写作文经常要“推敲”文字，难道推一推、敲一敲就可以写出好文章？

“推敲”可不能只从字面去理解它的意思，它和一个典故有关。“推敲”的典故出自唐代诗人贾岛和文学家韩愈的一段故事。贾岛把诗当作生命：“一日不作诗，心源如废井。”他写诗以刻苦认真著称，被称为“苦吟诗人”。贾岛进京参加科举考试，一天他在驴背上正琢磨一首新诗《题李凝幽居》，其中有两句是：“鸟宿池边树，僧敲月下门。”他想把“敲”换成“推”字，又想把“推”换成“敲”字，一时间定不下来，便在驴背上反复吟咏，还伸出手来做推、敲的姿势。当时，代理京城地方长官的韩愈正带着一班人马出巡，贾岛不知不觉就走到了韩愈的仪仗队里，可还在不停地做着手势。韩愈的侍从便把这个张狂之徒推到韩愈面前问罪。韩愈也是唐代著名的文学家，当他听说贾岛正在为诗句该用“推”还是“敲”犯愁时，一时来了兴致，下马思考了好一会儿，对贾岛说：“用‘敲’字好。深夜里的门‘推’是不能开的，所以只能用‘敲’。而且，一声一声的‘敲’门声，也能更好地烘托出环境的幽静。”贾岛听了，欣然接受。于是，韩愈骑马，贾岛骑驴，两人并排回到韩愈的家，一同议论作诗的方法。此后，“推敲”就用来形容写作时反复琢磨，反复斟酌。

欧阳修说寺庙里半夜不敲钟，唐代有首诗偏偏写了半夜钟声还流传千古，到底是谁错了？

有个成语叫“晨钟暮鼓”，说的是佛寺里晚上打鼓，早晨敲钟，用来报时。似乎佛寺里晚上不能敲钟。欧阳修就曾经批评过一首唐诗写寺庙里晚上的钟声不符合实际。这首诗就是张继那首著名的《枫桥夜泊》：

月落乌啼霜满天，江枫渔火对愁眠。
姑苏城外寒山寺，夜半钟声到客船。

这首诗写的是诗人在一个深秋的夜晚，停船在苏州城外的枫桥。这位身处他乡

的游子领略了江南水乡的夜景，不禁心中有些愁绪。首句写夜已经很深了，月亮渐渐地落下去。月光渐暗，惊醒了睡梦中的乌鸦，树上传来几声它们的啼叫。寒凉浸透全身，正是秋霜肆意的时刻，让人感觉黑夜里漫天都是浓霜。这句让人感到秋夜的寒冷和孤寂。第二句写岸边夜色中的枫树模糊一片，而江面上则有几条渔船，也并非看得真切，而只是看到了那星点的灯火。江枫、渔火，一暗一明，一模糊的轮廓，一星点的明亮，既有幽静之感，也更彰显孤独的意境。前两句中寂静和忧愁弥漫了作者的心理与视线。而诗的后两句则写了悠长的钟声次第传到了诗人的客船。似乎这钟声将这一夜的寂静和忧愁敲开了，打开了诗人的心思。而这钟声就是来自苏州城外的寒山寺。

这真是一首非常优美的诗作。许多人都非常喜爱它，还有不少诗人写下了同类诗作。欧阳修说它有问题，当然会引来大家的讨论。讨论可以使问题变得更加明晰。原来“暮鼓晨钟”只是描述寺院的一般情况。南宋的叶梦得就说，这肯定是欧阳修没有到过苏州，苏州的山寺里确实是半夜打钟的。而且唐代写夜里钟声的也并非张继一人。所以，《枫桥夜泊》的夜半钟声并非作者想象，而是实有之事。

古代文学家普遍认为秋天很悲凉，但唐代却有一位诗人热情地歌颂秋天，这个“乐天派”是谁？

古往今来许多作家描述过秋天的景色，哀叹秋天的来临。于是在我们的文学史上就有那么一个潮流，但凡与秋天有关的作品，都有着悲凉的基调。

最早的悲秋作品是战国时代宋玉的《九辩》。他在这篇文章里说“悲哉，秋之为气也！萧瑟兮草木摇落而变衰”。意思是，让人悲伤啊，这秋天的气息。草木变黄殒落，天地一片萧瑟。这句话成为描写秋天，表达悲秋之意的经典句子。宋玉的《九辩》被人们称为“悲秋之祖”，也开启了后代文学悲秋题材的先河，悲秋成了一个文学传统。

但是，也有作者能够打破这种趋势，写出完全不同的秋天来。这就是唐代诗人刘

禹锡的《秋词》：

自古逢秋悲寂寥，
我言秋日胜春朝。
晴空一鹤排云上，
便引诗情到碧霄。

这是一首绝句。诗人说，自古以来文人写秋天都是在悲叹秋天的寂寥，在我看来，秋天的景致要胜过人人赞赏的春天。你看那秋日的晴空里，有一只鹤展翅奋飞，越过层层白云。它矫健的身姿一定可以激起你满怀的激情，想要为之高吟一首诗作出来，仿佛你的诗情也随着那鹤的身影到了遥远的蓝色天空。

在刘禹锡的眼里，秋天不只是衰草枯叶，不只是凄风苦雨。衰草枯叶、凄风苦雨，固然可以让人感到秋天的萧瑟，进而为之悲伤。但是，秋天也有使人昂扬奋发的景色。明丽的天空，振翅高飞的白鹤，刘禹锡这样描写出来，一扫悲秋作品的落寞和阴霾，展现给读者一片高远的图景。他以自己开阔的心胸和浪漫的诗情，更新了读者的阅读经验，带领读者一起领会一个别样的秋天，同时告诉读者事情总会有另一面，这让我们也不禁变得心胸开阔起来。

唐代有一位诗人仅凭一首诗便博得"孤篇压全唐"的美名，这首诗有什么特别之处？

在所有的唐诗里，有一首被称为"孤篇压全唐"的诗歌，它就是张若虚的《春江花月夜》。

这是一首优美的乐府诗，描写了春江、春花、月夜。春江月夜是这样的："春江潮水连海平，海上明月共潮生。滟（yàn）滟随波千万里，何处春江无月明。"意思是春天的江潮水势浩荡，与大海连成一片，一轮明月从海上升起，好像与潮水一起涌出来。月光照耀着春江，随着波浪闪耀千万里，所有地方的春江都有明亮的月光。作者描绘出一幅壮观宏伟的图景。而在这春天的明月之夜，美丽的花朵是怎样的呢？"江流宛转绕芳甸，月照花林皆似霰（xiàn）”。江水环绕着花草丛生的原野，月光照射着开遍鲜花的树林好像细密的雪珠在闪烁。这真是优美无瑕的画面。“空里流霜不觉飞，汀上白沙看不见”。月光洒向万物，那朦胧的光线如同空中有霜在飞，江汀之上，一片迷蒙洁白。月光皎洁，万物朦胧，美妙如同仙境。此时作者发问了，“江畔何人初见月，江月何年初照人？人生代代无穷已，江月年年只相似。不知江月待何人，但见长江送流水”。在美丽的景色里，诗人追索着宇宙的奥秘，人生的哲理。最早在江边见过这月光的人是谁？而这江月是什么时候照在人身上的呢？最初的那个人如今在哪里？江月年年在此，是在等待什么人吗？一种人生短暂、宇宙永恒的惆怅，蔓延在这美丽如童话的景色里。虽然人生短暂，而月光从来未曾将人抛弃，它照耀着楼上相思的人，照耀着在外的游子。所以在这首诗里，读者可以看到充满哲理的思索，也可以看到忧伤的世俗生活。所有人都可以从中读到自己的人生情味。

这是一首优美的诗，也是一首深邃的诗。所以，清代王闿（kǎi）运说张若虚此诗“孤篇横绝，竟为大家”，意思是说它孤篇压全唐。而近代闻一多先生更称它为“诗中的诗，顶峰上的顶峰”。

苏轼说王维“诗中有画，画中有诗”，难道王维经常同时写诗和作画？

苏轼在看过王维的《蓝田烟雨图》之后，写下这样的评语：“味摩诘之诗，诗中有画。观摩诘之画，画中有诗。”摩诘是王维的字。这句话的意思是，品味王维的诗作，感觉他的诗中有着强烈的画面感；而观赏王维的画作，则能够感觉到他的画中有着高妙的诗歌意境。所以并非是王维通常写诗作画一起来，而是在他的诗歌和绘画里融合了两种艺术门类的优点和长处，形成了自己艺术创作的特点。

其实王维也说到自己作诗绘画兼擅的特点。他曾有诗句说：“宿世谬词客，前身应画师。”意思是说，这一世我成了一个诗人，但是我感觉自己上一辈子应该是个画师。王维的画没怎么流传下来，我们现在能够看到的都是一些后人临摹的作品。所以他的“画中有诗”不太容易了解。而他的“诗中有画”却可以通过仔细体会他的诗作来了解。比如著名的《使至塞上》中的诗句“大漠孤烟直，长河落日圆”，大漠、长河，横向，宽阔无边；孤烟，纵向；落日为圆形。勾勒线条，并纵横结合，拓展开了画面。除了以文字构图，他还擅长使用带有色彩的字词，绘出鲜明的画面。“雨中草色绿堪染，水上桃花红欲然”，雨水冲洗过的草色青翠欲滴，水边的桃花盛开鲜艳夺目好像燃烧的火。绿在雨色之中，红在水色映衬之下，颜色极为鲜亮，如同画面铺展在眼前。

“诗中有画，画中有诗”既是王维作为艺术家的特点，也是他的成就。

李白、杜甫合称“李杜”，那“小李杜”是指孩童时代的李白、杜甫吗？

唐代是诗歌的高潮，这个时代涌现出了许多大家、名家，而其中成就最大者就是李白和杜甫。他们是中国诗史上的“双子星座”，是诗歌的星空中最耀眼的两颗星星，分别是中国浪漫主义和现实主义诗作的代表。

而在唐代诗歌史上，除了这两位诗人合称李杜外，还有一个“小李杜”的说法。小李杜并不是孩童时代的李白、杜甫，而是另有其人，他们就是晚唐时代的李商隐和杜牧。正如盛唐时代出现了李白、杜甫两位大家代表着时代的创作高峰，李商隐和杜牧可以说是晚唐时代诗歌成就的代表。

杜牧出身于官宦世家，他的祖父杜佑是著名的历史学家，著有《通典》。史学世家对杜牧最大的影响就是他的怀古诗、咏史诗成就斐然。比如著名的《登乐游原》：

长空澹澹孤鸟没，万古销沉向此中。
看取汉家何事业，五陵无树起秋风。

在诗中，诗人感叹朝代更迭，如同无法逆转的自然，充满了悲凉。还有“一骑红尘妃子笑，无人知是荔枝来”，讽刺皇帝的荒唐等。从中我们都可以感受到杜牧对于历史、现实的关注和他深沉的情感。

他的一些风景诗则写的高朗俊逸，充满美感，比如我们熟悉的“停车坐爱枫林晚，霜叶红于二月花”。

李商隐对现实也非常关注，写有不少政治诗、咏史诗，表达对于国家政治黑暗、民生疾苦的热切关心。然而最能够代表李商隐诗歌成就，也是代表着晚唐诗最高成就的是他以《无题》为标题的一组爱情诗。比如其中一首：

相见时难别亦难，东风无力百花残。
春蚕到死丝方尽，蜡炬成灰泪始干。
晓镜但愁云鬓改，夜吟应觉月光寒。
蓬山此去无多路，青鸟殷勤为探看。

相见不容易，而分别更使人难过，就像东风吹拂下的残花让人不胜伤悲。相思难了如同蚕丝、蜡泪，相思苦楚让人黑发变白，让人深夜不眠。相见不能，只能捎封书信。此诗真是满心苦楚，满纸愁绪。

李商隐和杜牧二人年龄相近，同在晚唐时代，以各自的诗作表达着对社会、民生的关注，也表达着自己的喜怒哀乐。他们是晚唐时代的诗人代表。联想到盛唐时代的李白和杜甫，人们就把李商隐和杜牧也合称为“李杜”，因时代较晚，所以称为“小李杜”。

顾况曾经调侃白居易，却因为一首诗对白居易刮目相看，是哪首诗呢？

据说，白居易当初去长安参加科举考试的时候还没什么诗名，他打算去拜访顾况，希望他能够向别人推荐自己，从而扩大自己的声誉。

这一天，白居易带着自己的诗作来到顾况府上。顾况以为又是个一心追求功名的平庸之辈，一看诗稿上的名字“白居易”，不禁起了玩笑之心，对白居易说：“哎呀，京城里米价上涨，在这里居住大不容易啊。”然后漫不经心地打开诗稿，开首第一首诗就是《赋得古原草送别》：“离离原上草，一岁一枯荣。野火烧不尽，春风吹又生……”顾况读到这几句，顿时觉得白居易应该是个不俗之辈，连忙收起了怠慢的态度，转而对白居易说：“能写出这样的句子，即使在长安住，又有什么不容易的呢？本来我以为当今诗坛已经后继无人了，今天看到你的诗，才让我改变了看法。刚才我的话，你不要在意，我只是开个玩笑。”

那么，这首《赋得古原草送别》到底有什么过人之处呢？这是一首写送别之情的律诗。首四句写草。这首诗的不同在于这里的草是另一种样子，秋来干枯，春来返青，有着顽强的生命力。后四句抒写惜别之情。这首诗包含了多层意蕴：春草的生命力，春草与人事更迭的对比，还有就是如同春草般蔓延不绝的离别之情。这是一首杰出的作品，难怪这一首诗就让顾况改变了对白居易的看法。

“人间四月芳菲尽，山寺桃花始盛开”，为什么大林寺的桃花开得这么晚？

唐代诗人白居易有首诗《大林寺桃花》，非常著名：

人间四月芳菲尽，山寺桃花始盛开。
长恨春归无觅处，不知转入此中来。

这首诗表达了白居易重新看到这灼灼桃花时，感觉春天似乎又回来了，心里充满喜悦心情。不过桃花不是三月的时候就开过了吗？为什么大林寺的桃花偏偏会在四月开放呢？

宋代有位学者跟我们有同样的疑问，这位学者就是写出《梦溪笔谈》的沈括。他小时候也读到了白居易的这首诗，觉得这首诗所写的大林寺的情景和自己日常所见不符，于是就约了小伙伴们真的爬上山去看看究竟山上与山下到底有什么不同。一行人爬到山上，马上发现了不同：四月的山顶不像山下已经是灼热的夏天，而是和暖如同春天，凉风吹来竟然还感觉有些冷飕飕的。因为气温低一些的缘故，这里的花草生长都要比山下晚一些。那么，白居易在初夏时节的大林寺看到盛开的桃花也就是合情合理的了。迟开的桃花，带给了白居易意想不到的欣喜，这就是大自然的馈赠。

要想诗歌连不识字的老奶奶也能听懂，应该向唐代哪位诗人学习？

他就是中唐时期的大诗人白居易。白居易五六岁时就开始学写诗，九岁时就懂得声韵。二十岁以后，读书学习更加勤奋。白居易在《与元九书》中写自己“昼课赋，夜课书，间又课诗，不遑（huáng）寝息”，意思是白天学辞赋，晚上读经史，间隙的时间学习诗歌，没有闲暇休息的时间。他读书、背书到口舌生疮，写诗作赋到手肘起茧。

白居易能写出令名士惊叹的篇章不是偶然的，他作诗不仅勤奋，而且创作态度非常严肃，一直追求平白浅显的诗风。他在《诗解》中写道：“新篇日日成，不是爱声名；旧句时时改，无妨悦情性。”意思是说自己每天坚持创作诗歌，并不是贪图名气和声誉；经常修改以前写的诗句，是因为这是一种乐趣，可以陶冶性情。他把精益求精的过程当作是一种艺术享受。北宋诗人张耒（lěi）见到过白居易的诗稿，上面满是涂改的痕迹；有些诗稿，几乎改得面目全非。他不但自己改，还写信给诗友元稹，约他共同讨论，以达到深入浅出的效果。

孟郊和贾岛都是唐代诗人，人常说“郊寒岛瘦”，难道孟郊很怕冷，贾岛很消瘦？

苏轼曾在自己的一篇文章里提到孟郊和贾岛，以“寒”和“瘦”二字来评价孟郊和贾岛。但是苏轼此处说的，并非是身体上孟郊怕冷，贾岛消瘦，而是评价了两个人诗歌创作的风格倾向。

孟郊诗作风格之寒，可以从内容和形式两方面来看。孟郊一生坎坷，他参加科举考试很多年才考中，进入仕途后也总是做些不得志的小官，中年时他的儿子还死掉了。这些遭遇造成他的诗作无论是描写他人生活还是自己的生活，都有些穷愁困苦的情绪。比如他的《寒地百姓吟》“霜吹破四壁，苦痛不可逃”，意思是在下霜的寒冷季节，只能住在四面漏风的破房子里，忍受苦痛，无处可逃。不只是内容如此，他的诗在艺术上也是如此。孟郊喜好苦吟，所以总是寻求能够表达自己穷愁寒凉心境的词句。比如“冷露滴梦破，峭风梳骨寒”，十个字中除了“梦”“骨”这两个被描写的字眼外，其他字眼无不给人寒冷至令人心惊的感觉。所以说苏轼的“寒”字评价还是非常恰当的。

“瘦”说的是贾岛的诗风。他本是个僧人，后来还俗参加科举考试，可是一直没有考中，做过一些等级很低的小官。他的生活一直都很贫穷，所以他的诗充满了悲愁苦闷，不时感叹没吃没穿，穷愁多病，孤独寂寞。或者写些境界狭小幽静的自然风景。总体来讲，他的诗歌境界比较收敛单一，不够开阔。相比而言，他在艺术上则是精雕细琢，惨淡经营，语言比较奇巧尖新，不够开阖自如，读者在读他的诗歌的时候，会感到单一的枯槁冷落的意境。所以苏轼将他的诗概括为“瘦”也是非常恰当的。

为什么古代文学家喜欢起外号？比如李白号青莲居士，陶渊明号五柳先生。

在古代，一个人的名是产生最早的，一般来说，它是婴儿出生三个月之后由父亲所取的。字是一个人成年的时候所取的。取“字”表示已经成人，可以承担重任了。字，在古代一般只有文化人和贵族才有。

号，具有个人色彩，甚至是有些艺术色彩在里面。它是文人雅士成年后自己取的。因为是名和字之外的，一般也称为别号。它不同于名、字需要由别人来取，号，是自己取的，可以包含自己想要赋予自己的意思，比如表示自己居住的地方、境况、情趣、身份、志向、思想等。所以相比名、字，古人特别是文学家们的号是丰富多彩的，包含着非常丰富的内容，有的人甚至有多个号。

宋代欧阳修有一个号是“醉翁”，他用“醉翁”二字表达自己寄情山水的生活情趣，也表达自己面对仕途失意的达观心态。欧阳修还有一个号叫“六一居士”，这是在熙宁三年被贬官到蔡州的时候，他说自己家有藏书一万卷，三代以来的金石遗文有一千卷，有琴一张、棋一局、酒一壶，再加上自己这个老头，一共“六个一”，所以叫“六一居士”。

另外还有许多诗人有号，比如杜甫的号是少陵野老，白居易的号是香山居士，苏轼的号是东坡居士，王安石号半山，陆游号放翁，辛弃疾号稼轩等。

《唐诗三百首》刚好收了300首唐诗吗？

唐诗是古代诗歌发展的最高峰，历来唐代诗歌的选集是最多的，而这些选集中清代孙洙编选的《唐诗三百首》可以说是流传最广、读者最多的选集了。那么，《唐诗三百首》里到底收录了多少首唐诗呢？你一定以为这是明知故问，《唐诗三百首》自然是收录了300首唐诗。其实“三百”只是一个概数，这部唐诗集子最初由孙洙编选出来的时候收录的唐诗是310首。后来这部诗集流传越来越广，读者越来越多，就不断有人为它做整理、做注释。其中比较著名的是章燮（xiè）的《唐诗三百首注疏》，这个版本收唐诗321首，在孙洙编选的310首的基础上增加了11首。另外还有其他版本，有313首的，317首的等。各家在整理注释的时候，会增加几首自己认为不可缺少的作品，但总归就在三百多首，而且绝大多数作品是一致的。

为什么唐代诗人那么爱写边塞诗？

历代诗人有写边塞诗的情结，尤其在诗歌最为兴盛的唐代，几乎每位诗人都写过“边塞诗”，总量有两千多首，是各代边塞诗的总和。

边塞诗以边塞军旅生活为主要内容，思想内容极其丰富：可以抒发渴望建功立业、报效国家的豪情，如王昌龄《从军行》“黄沙百战穿金甲，不破楼兰终不还”；可以描写戍边将士的乡愁，或家中思妇对戍边丈夫的思念，前者如李白的《关山月》“戍客望边邑，思归多苦颜”，后者如陆龟蒙《孤烛怨》“坐想鼓鼙（pí）声，寸心攒百箭”；可以表现塞外戍边生活的艰辛、连年征战的残酷，如骆宾王《军中行路难》“阴山苦雾埋高垒，交河孤月照连营”；可以宣泄对朝廷扩边的不满，如张说《巡边在河北作》

“人生在世能几时，壮年征战发如丝”；可以抒发对将军贪功启衅的怨情，如高适《燕歌行》“战士军前半死生，美人帐下犹歌舞”；可以惊叹描摹边地绝域的奇异风光和民风民俗，前者如严武《军城秋早》“昨夜秋风入汉关，朔云边月满西山”，后者如王维《凉州郊外游望》“婆娑依里社，箫鼓赛田神”……

总体来说，边塞诗是唐诗中思想深刻、想象力丰富、艺术性强的部分，其代表人物有王昌龄、王维、王翰、王之涣、岑参、高适、李益等。唐代国家强盛，与周边摩擦增多，战争频繁，文人为追求建功立业，随军出征者众多。这大概就是唐代多边塞诗的原因。

范仲淹写《岳阳楼记》时并没有去过岳阳楼？他是怎么写出这篇文章的？

岳阳楼是中国四大名楼之一。它之所以为天下人所熟知，主要是因为北宋范仲淹写的《岳阳楼记》。这篇文章以极其凝练的语句描写了岳阳楼头的万千景象，也留下了激励后人的名句“先天下之忧而忧，后天下之乐而乐”。大多数人一定认为范仲淹之所以能描绘出洞庭湖畔岳阳楼上的如此景象，一定是数次登上过岳阳楼，流连于风和日丽之时，也徘徊于淫雨霏霏之日。有了这样亲身体验，他才能写出这样的风景。可是事实并非如此。

从《岳阳楼记》的开篇我们知道，范仲淹的朋友滕子京在庆历四年（1044）的时候被贬到了巴陵郡，第二年，滕子京管理下的巴陵郡就已经是政通人和，一片欣欣向荣，于是滕子京重修了岳阳楼。同时，这一年的夏天，滕子京写了一封信给范仲淹，请范仲淹为修缮（shàn）一新的岳阳楼写一篇记，同时送给范仲淹的还有滕子京所画的一幅《洞庭晚秋图》。范仲淹在九月份就写出了这篇《岳阳楼记》。由此我们知道，范仲淹并没有亲自登上过岳阳楼，历史上也并没有明确记载说范仲淹之前登过岳阳楼。范仲淹就是凭借着自己以往的经验和滕子京所送的《洞庭晚秋图》创作了这篇《岳阳楼记》。《岳阳楼记》中，不仅包含了历历在目的风景，更包含着范仲淹对于过往文人骚客的认识，包含着范仲淹心系家国社稷的深沉情感。

大文豪苏轼很有学问，可是他给别人改诗歌时也曾闹过笑话，这是怎么回事？

话说有一次苏轼去拜访丞相王安石，恰好王安石在会客，于是苏轼就到书房等着。苏轼在书房里转来转去，便看到书案的纸张上有诗句，想来是王安石未写完的诗作。苏轼就近一看，不禁笑了，原来那纸上写着两句诗："明月当空叫，黄犬卧花心。"苏轼心想：这也太离谱了吧，明月怎么会在天空叫，那黄狗又怎么可能在花心里躺着呢？作诗怎么可以荒唐到这种地步！于是提笔就将两句诗给改了，"明月当空照，黄犬卧花阴"。一轮明月悬在空中，月光洒向大地，一条黄狗卧在花阴之下，多美的意境啊。王安石回来一看，心想你真是拿无知当聪明啊，等找个机会让你看看什么是明月，什么是黄犬。后来苏轼因事被贬到了合浦（今广西合浦县）。在合浦，有一天苏轼看一群小孩在花丛前七嘴八舌地说："黄狗罗罗，黑狗罗罗，快出来呀？罗罗罗，罗罗罗。"苏轼很好奇，走过去问小孩喊什么，小孩说，我们叫虫子快点出来，好捉它。苏轼凑近一看，见有几条黄色、黑色像芝麻大的小虫在花蕊里蠕动。又问小孩说这是什么虫？小孩说：黄狗虫，黑狗虫。苏轼离开花丛，来到一棵榕树下，听到树上一阵鸟鸣，以前没有听到过，就问当地人这是什么鸟，别人告诉他这叫明月鸟。这时候，苏轼想起了自己改过的诗句，原来自己改错了。明月是可以在空中鸣叫的，黄犬也是可以卧在花心的。

如果在苏东坡时代就有互联网的话，他肯定是"网红"，为什么？

苏东坡的《东坡志林》一书谈天说地，其洒脱豪放的性格在这本书中体现得淋漓尽致。我们在为苏东坡的奇情逸志叹服的同时，发现他在书中所写的文字，大都是随手记下来的几十个字，最多百十来字，都很短小。从内容上看，从朝廷政治到地方民生，从梦里作诗到神仙鬼怪，从养生到乐死，无所不包，无所不及。

《记承天寺夜游》写道："元丰六年十月十二日夜，解衣欲睡，月色入户，欣然起行。念无与为乐者，遂至承天寺寻张怀民，怀民亦未寝，相与步于庭中。庭下如积水空明，水中藻荇交横，盖竹柏影也。何夜无月？何处无柏？但少闲人如吾两人者耳。"这是苏东坡被贬谪到黄州的时候写的，他没有写自己的失意与困厄，却把月夜不眠，去找朋友一起乘月游承天寺的悠闲与快乐记录下来。寥寥八十四字，写尽了苏轼的豁达洒脱。

苏东坡到哪里都爱写一段。游沙湖作诗："山下兰芽短浸溪，松间沙路净无泥。"游庐山作诗："如今不是梦，真个是庐山。"无论谁人，只要拿到苏东坡的诗文，立即就会传抄起来，一时遍及大江南北。传说，宋神宗进膳时举箸如停住不动，那一定是在看东坡妙文。

苏东坡虽遭贬谪，但他是个性情豁达的乐天派。《东坡志林》中随手记下来的千奇百怪、妙语连珠的"微文"，发在"朋友圈"或许会圈粉无数。

苏轼诗中说"日啖荔枝三百颗"，他真的能一天吃三百颗荔枝吗？

苏轼有一首诗叫作《食荔枝》：

罗浮山下四时春，卢橘杨梅次第新。
日啖荔枝三百颗，不辞长作岭南人。

据说荔枝性热，民间有"一颗荔枝三把火"的说法，三百颗荔枝岂不是要吃出病来？其实这里的"三百颗"是个虚数，并非实指，表达的只是苏轼对于荔枝的喜爱，对于岭南风物的喜爱，更进一步是表达对于岭南生活的接受和喜欢。这种喜欢并非如同我们现在出门旅游对异地的自然风光的喜爱，里面包含着苏轼自己的人生经历。

1094年，苏轼被贬到惠州，他发现此地风土食物都很好，官吏百姓相处融洽，这让他产生了终老惠州的想法。然而一个地方自然风景再好，土产风物再丰富也并非是让苏轼想要"长作岭南人"的真正原因，真正的原因是他诚心诚意为百姓做好事，让他感觉到自己融入了此地的人群，融入了此地的生活，由此凝成了“日啖荔枝三百颗，不辞长作岭南人”这样两句豪爽开朗的诗句。这不只是表面上对于荔枝的喜爱，它还蕴含着身经磨难的苏轼对于惠州这块土地以及此地人民的热爱。

王安石成年累月不洗澡，也不勤换衣？大文豪为什么如此邋遢？

王安石是中国历史上杰出的政治家、思想家和文学家，是“唐宋八大家”之一。但是，这位著名的杰出人物在生活中却很邋遢。据说他成年累月不洗澡，衣服也不勤换，酸臭难闻，别人跟他见面经常是人还没看到鼻子就先闻到了他的臭味。苏洵曾经这样描述他：穿着囚犯一样的衣服，吃牲畜才会吃的食物，蓬头垢面，竟然还在那里心安理得地论诗谈史。

王安石的两位“铁哥们儿”吴仲卿和韩维，对王安石的邋遢形象实在看不过去了，以邀他去寺院谈论诗书政治为名，邀王安石一同去洗澡，并安排服侍的人把他的脏衣服拿走，然后换一套新衣服摆在那儿。而王安石洗完澡后见衣服就穿，从来不问新衣服从哪里来。

林语堂在《苏东坡传》中记载：王安石的朋友告诉王夫人，说王安石很喜欢吃鹿肉丝，王夫人对朋友的发现感到很奇怪。那位朋友说，他看到王安石吃饭时，只把筷子伸向一盘鹿肉丝，其他的菜连看都不看一眼，一直把那盘鹿肉丝吃得干干净净。王夫人听后笑着说：“那盘鹿肉丝一定离他最近。”原来，王安石每顿饭都只吃离自己最近的那盘菜，无论菜肴是否好吃。朋友找机会请王安石吃饭，有意把一盘鹿肉丝放在离王安石最远的地方，果然，王安石只吃靠他最近的菜，似乎全然不知饭桌上还有一盘鹿肉丝。

关于王安石的这些轶闻趣事，笑过之后，大概可以这样来理解：可能他把精力完全倾注在了政务工作和文学创作中，而忽视了生活小事。

过年我们会放鞭炮、贴春联，宋代人是怎么过春节的？

宋代有一首写春节的诗非常著名，这首诗告诉我们宋代人是怎么过春节的，这就是王安石的《元日》：

爆竹声中一岁除，春风送暖入屠苏。

千门万户曈曈日，总把新桃换旧符。

元日，就是正月初一，即春节这一天。这个说法从先秦时代就有了。爆竹，就是鞭炮。从这首诗里，我们可以看到宋代人也像我们一样是放鞭炮辞旧迎新的。还有一项活动，我们现在不经常见了，就是饮屠苏酒。屠苏酒是一种药酒，主要用来驱除瘟疫，在新年的时候饮用，作为一种风俗是希望新的一年之中不得病。而且饮屠苏酒还有个有趣的规矩，通常饮酒都是要从长辈开始的，而饮用屠苏酒要从家中最年幼的人开始。这是什么原因呢？过新年孩子又长了一岁，大家要祝贺他，含有希望他早日长大成人的意思。而年老的人过年，则意味着生命又减少了一年，最后来喝屠苏酒，似乎就是旧的一年晚点过去，含有祝福他长寿的意思。

新年的早晨，太阳升起的时候，人们还要换桃符。这个风俗似乎和我们今天也有不同，可是又有点联系。桃符究竟是什么呢？传说在东海的度朔山上有一棵大桃树，树冠伸展达三千里之远。在它的东北方有鬼门，每天鬼怪由此进出。树下有两个神将叫神荼和郁垒，他们两个专门捉那些恶鬼。于是人们每逢过年的时候，找来两块桃木的板子，在上面画上神荼、郁垒的画像，或者直接写上他们的名字，挂在自家大门上，用来镇邪驱鬼，保佑自家平安。到五代的时候，人们为了表达更丰富的意思，就开始在两块桃木板上写其他的文字。比如五代君主孟昶（chǎng）就写过“新年纳余庆，嘉节号长春”，这被认为是我国第一副春联。所以说，我们今天的春联就是从桃符演变来的。在北宋王安石那个时代，人们过春节时在自家大门上还是习惯挂桃符，以祈求新的一年家人平平安安、健健康康。

通过王安石这首《元日》，我们大体上可以想象北宋人是怎样过春节的。

李清照的作品中数十次用到“瘦”这个字，她是不是在疯狂减肥？

李清照是婉约词派的代表，有“千古第一才女”之称。婚前生活十分优裕，婚后与丈夫赵明诚共同致力于书画金石的搜集整理，夫妻恩爱，生活其乐融融。自从金人占领中原之后，李清照夫妇也随难民流落江南。飘流异地，多年搜集来的金石字画丧失殆尽，再加上丈夫赵明诚病逝，这些给她带来沉重的打击和极大的痛苦。逃亡途中，行至乌江时，联想到了在被刘邦四面楚歌的包围中自刎而死的项羽，便写下了有名的《夏日绝句》。

李清照积极主张北伐收复中原，可是南宋王朝统治者腐朽无能，不思抗金，只顾偏安一隅（yú），苟且偷生，这使李清照的希望成为幻影。经历了国破家亡夫丧的李清照，在晚年，还殚精竭虑地编撰了《金石录》，完成了丈夫生前未竟的遗愿。

我们无从一睹多年背井离乡的李清照，其身型是否被生活压得“人比黄花瘦”，但是，从她一生的经历与后期作品中不难想象，无依无靠的她，呼告无门的她，贫困忧苦的她，在流徙漂泊中，那颗被煎熬的心已不是“瘦”能够形容的了。最后，怀着一颗残损得不知成什么样子的心，寂寞地死在异乡江南时是多么的悲惨，这真如她在《声声慢》里写的那样“冷冷清清凄凄惨惨戚戚”。

北宋时期最热的人气歌手是谁？

宋朝人叶梦得的《避暑录话》中记载：“柳永为举子时，多游狭邪，善为歌辞。教坊乐工每得新腔，必求永为辞，始行于世，于是声传一时。余仕丹徒，尝见一西夏归朝官云：‘凡有井水处，即能歌柳词。’”意思是说，柳永非常擅长写歌词，那些专业的音乐制作人创作出新曲子后，一定要请柳永去填词。于是，柳永的词在民间四处流传，只要有人烟的地方，总能听到有人在唱柳永写的歌。

从上面这个故事不难看出，北宋词人柳永堪称那个时期最热的人气歌手。不过，现代的歌星未必人人都会写词，而柳永是专注并擅长写词，却不唱。

据南宋人罗大经的《鹤林玉露》记载，相传柳永的词一度流传到了北方女真族，喜欢文学的完颜亮读完柳永的《望海潮》后，极为称赞柳永对杭州的描写，对江南的“有三秋桂子，十里荷花”的繁华与美丽艳羡不已，“遂起投鞭渡江之志”。于是，征调各路军兵南征，一路烧杀掳掠，直到长江北岸。柳永在写《望海潮》时，不可能想到他的词句会给自己的祖国带来这么大的灾难，但是，这客观上说明了他的词句所具有的巨大魅力与影响。

那个爱画画的王冕写了一首《墨梅》诗，墨梅是黑色的梅花吗？

王冕（miǎn）是元代著名的诗人、画家。他出身贫寒，小时候就非常喜欢画画、读书。放牛的时候，他会画画。晚上的时候，他就到寺院里，借寺院中的长明灯读书。

王冕有一首诗在后世流传颇广：

我家洗砚池头树，朵朵花开淡墨痕。
不要人夸好颜色，只留清气满乾坤。

这首诗的名字叫作《墨梅》。看字面的意思，好像是王冕家洗砚池边上种了棵树，树上花开朵朵，颜色都是墨汁的颜色——黑色的。这黑色的花朵，并不要人来夸它颜色好看，只愿意这黑色，散发一种清气。

我们经常见到白梅、红梅，还有黄色的腊梅，并不曾见过黑色的梅花。难道王冕家竟然有一种稀有的梅花品种——墨梅？事实不是这样的。这只是王冕所作的比喻。实际上，王冕非常喜欢梅花，他在文章里说自己隐居会稽，曾种梅千枝，在自己的茅草屋上题写三字“梅花屋”，自号为“梅花屋主”。另外，他也自称梅叟、梅翁。可见他对梅花的喜爱。梅花在寒冬时节开花，王冕喜欢梅花自然也是钦佩梅花不与百花争艳、雪中独自盛开的气节。作为一名画家，以梅花为表现题材也就是自

然而然的事情了。而他画的梅花，并非我们想象的那样青枝绿叶、花红似火，而是直接以墨色画出枝条、花朵。北京故宫博物院就收藏着他的一幅《墨梅图》。这幅画上画着一枝横出的梅花，无论枝叶还是花朵，都是以水墨画出，只是墨色或浓或淡，表现出不同的生机。就是在这幅画上，王冕题写了上面我们提到的《墨梅》这首诗。

所以说，并非是王冕家里种着一种开黑色花朵的墨梅，而是他有时候画梅花只用水墨，并不添加其他色彩。

作曲还能成“状元”？元代有着“曲状元”美誉的戏曲家是谁？

元代末年有位叫贾仲明的戏剧家，他写过一首《凌波仙》的曲子来凭吊一位戏剧家，说他“战文场，曲状元，姓名香贯满梨园”。意思是说这位戏剧家可以算是作曲的状元。贾仲明凭吊的就是元代著名戏剧家马致远。

马致远和关汉卿、郑光祖、白朴并称“元曲四大家”。他的杂剧代表作是《汉宫秋》，写的是汉代王昭君出塞的故事。王昭君因为不肯贿赂画师毛延寿而被打入冷宫，偶然被汉元帝发现，得以出冷宫。汉元帝非常珍惜与昭君的姻缘，但被处置的毛延寿献图呼韩邪单于，呼韩邪单于前来索要王昭君。此时满朝文武劝谏汉元帝放弃王昭君，换取和平。汉元帝不得不将王昭君送去和亲，保江山。王昭君出塞后，汉元帝只能在孤苦凄冷中苦苦思念王昭君。作者以秋天作为全剧结局的背景，更加渲染了萧瑟悲凉的气氛。

除了《汉宫秋》，马致远最为人熟知的就是他的小令《天净沙·秋思》了。这首小令被称为“秋思之祖”，可见其艺术性之高。

枯藤老树昏鸦，小桥流水人家，古道西风瘦马。夕阳西下，断肠人在天涯。

秋思，就是秋天的思绪。秋天草木凋零，一片肃杀，此时诗人的思绪充满了感伤与落寞。马致远是如何展现这些的呢？他用“枯藤老树昏鸦”来表现，干枯的藤蔓，

落尽了叶子的老树，黄昏时鸣叫的乌鸦，这真是一幅写尽萧瑟的秋景图。“小桥流水人家”，在黄昏时分，路过小桥，潺潺流水的尽头有户人家。家是归宿，是歇息的地方，多么温暖，多么令人向往，可是这不是作者的家，也就不是作者的归宿。此时，陪伴作者的只有“古道西风瘦马”，寂寞而荒远的古道，凛冽的西风，消瘦的马。对他来说，没有可供歇息的地方，只有奔波与漂泊。“夕阳西下”，如血的残阳很快就落下去了，作者忍不住，在心里呐喊一句“断肠人在天涯”——断肠，因思乡；思乡却行走在天涯。他的痛苦通过这结尾一句表达得酣畅淋漓，却也戛然而止，因此更充满了感人的力量。由此，我们可以看出，作者心里的孤独与寂寞使得眼中所见的秋天更加肃杀。

据说当初宋江领着三十六人起义，为什么《水浒传》中有一百零八将？

《水浒传》里有一百零八个好汉“风风火火闯九州”。他们并不是施耐庵凭空想象出来的。早在南宋的时候，就有书籍提到宋江带领着三十六人起义，几万官兵不敢阻挡，当时天下震惊。不过也有书籍记载宋江等五百人被官府招安，然后全部被杀掉了。由此可见，宋江等人起义在宋代是确有其事的。这些零星的记载是怎样变成了一部结构分明、人物众多的长篇小说的呢？这并非单靠施耐庵一个人的力量。在《水浒传》之前，宋江等人的故事还经过了一段民间传说的过程。

因为当时宋江等人起义的影响非常大，他们的事迹就在民间广为流传。在此过程中经过不断的增益、渲染，形成了一段段小故事。宋末元初的时候就有了《石头孙立》《戴嗣宗》《青面兽》《花和尚》《武行者》等话本故事。另有龚圣与的《宋江三十六赞》。龚圣与为这三十六人画了像，并题写了赞词。它已经和《水浒传》中的三十六天罡（gāng）非常相似。当时还有一部《大宋宣和遗事》，里面记述了三十六人的事迹。《大宋宣和遗事》保留下来的水浒故事就成为后来《水浒传》小说结构的主体架构。

《水浒传》中的人物数量在元代有了很大的发展。在元代杂剧中，水浒英雄增加

到了一百零八个，并且出现了“替天行道”的忠义堂。所以，到元代的时候，水浒故事已经有了今天我们看到的施耐庵的《水浒传》的规模了。《水浒传》是元末明初产生的。原来，这四大小说之一的《水浒传》，从无到有经历的时间竟然跨越三个朝代。

《三国志》与《三国演义》都是写三国时候的事情，它们有什么不同吗？

我们都知道《三国演义》是以汉代末年中国陷入混战，最终形成了魏蜀吴三国鼎立局面这段历史为背景的一部小说，作者是元末明初的罗贯中。但是，这部书最早版本的书名是《三国志通俗演义》。这是什么意思呢？《三国志》也是一部书。“通俗演义”就是一种比较易懂的推演，演义就是一种小说。这让我们迷惑不解，《三国演义》跟《三国志》有关系吗？而且这个版本的题名是：晋平阳侯陈寿史传，后学罗贯中编次。那么陈寿和罗贯中又是什么关系呢？难道《三国演义》的作者除了罗贯中还有个陈寿？

陈寿是西晋的史学家，他写了一部史书《三国志》，这部书分三部分记述了魏国、蜀国、吴国的历史。陈寿写这部书非常认真，资料详实，取材有严格标准。后人给它很高评价，这是研究三国历史最重要的一部史书。

而到了元末明初，罗贯中要把三国的历史写成一段故事说给大家听。罗贯中生活的时代距三国已经有千年之久了。他可不会穿越啊，怎么办呢？所凭借的就是这部史书《三国志》了。《三国演义》中那些人物与故事绝大多数都是从《三国志》来的。不仅如此，《三国演义》写得不止是魏蜀吴三国建立时候的事情，它从汉末就开始了，许许多多的浓墨重彩的故事和充满魅力的人物都是在那时候塑造起来的。为《三国演义》确立这个历史起点的，也是《三国志》。清代有个著名的学者叫章学诚，他说《三国演义》的创作是“七分实事，三分虚构”。这“七分实事”就是依据《三国志》。所以说，《三国演义》最初的版本叫《三国志通俗演义》，题名首先是陈寿，是有理由的。

不过《三国演义》毕竟是一部小说。历史书讲求的是照史实录，实事求是，而小说讲求的是虚构，是艺术性，是审美，所以《三国演义》不同于《三国志》。它虚构了不少精彩的故事，比如诸葛亮舌战群儒，关羽过五关斩六将，等等。除了这种纯虚构的，《三国演义》还会"张冠李戴"以突出人物性格，比如在《三国志》中是刘备鞭打了督邮，到了《三国演义》就变成了张飞打督邮，刻画了张飞暴躁的性格，也同时彰显了刘备的仁厚。《三国演义》还善于夸张渲染，比如"三顾茅庐"，在《三国志》中只有一句话，而《三国演义》则用了三个回目才写完，把刘备、诸葛亮的性格展现得栩栩如生。

所以说，《三国志》《三国演义》是两种不同类型的书，了解历史就去读《三国志》，欣赏文学作品就去读《三国演义》。然而两部书又有着千丝万缕的联系，研究《三国演义》一定要读《三国志》。

《西游记》中的孙悟空一个筋斗就翻十万八千里，为什么他不把唐僧直接送到西天去呢？

《西游记》虽然是神化小说，但它是根据初唐时期玄奘去西天取经的真实故事改编的。

唐太宗贞观三年（629），玄奘带领一个弟子离开京城长安，到天竺游学。他从长安出发后，途经中亚、阿富汗、巴基斯坦，历尽艰难险阻，最后到达了印度。他在那里学习了两年多，并在一次大型佛教经学辩论会担任主讲，受到了赞誉，贞观十九年（645），玄奘回到了长安，带回经书657部，为中国的佛教发展做出了贡献。

《西游记》中唐僧有三个法力高强的徒弟，孙悟空更是一个筋斗翻十万八千里，为什么不直接将他带过去呢？书中这样写道：

> 三藏道："你三个计较，着那个驮我过去罢。"行者道："八戒驮得。"八戒道："不好驮。若是驮着腾云，三尺也不能离地。常言道，背凡人重若丘山。若是驮着负水，转连我坠下水去了。"

这不是一个简单的神化虚构问题，而是涉及本书主旨的关键问题。从玄奘西天取经的真实故事可见，要取得真经，必须要经过重重磨难，在小说中是要经过

八十一难才能成功的。正如电视剧的主题歌唱的那样，要有“敢问路在何方”的探索精神，才能“踏平坎坷成大道”。写唐僧敢于历尽艰险的故事，更在于鼓励更多的读者以他为榜样，不怕艰难险阻，为真理永远执著向前。如果直接带着唐僧飞到西天去，就失去这样的教育意义了。

《西游记》这么有名，那有没有《东游记》《南游记》和《北游记》呢？

在《西游记》出现之后，大家对这种神怪故事非常感兴趣，所以又产生了其他一些类似的作品。这其中最著名的就是“四游记”，它们分别是《西游记》《东游记》《南游记》和《北游记》。

“四游记”里的《西游记》不是吴承恩所写的《西游记》，它是由杨志和删节、改编《西游记》而成的《唐三藏西游全传》。《东游记》则是吴元泰所写，讲的是铁拐李等八仙得道的故事。《南游记》是余象斗所编的《五显灵官大帝华光天王传》，说的是华光救母的故事。《北游记》，也叫作《北方真武玄天上帝出身志传》，也是余象斗所编，写的是真武大帝成道降服妖魔的事情。

这“四游记”本身艺术水平不高，但是他们投合市民百姓猎奇的心理，并且降魔伏妖、济世度人也是大家喜闻乐见的题材，所以即便艺术水平不高，它们也受到了人们的喜爱，所以在普通读者中流传颇广。

为什么曹雪芹说《红楼梦》是“满纸荒唐言”？

《红楼梦》作者曹雪芹在第一回中说：“满纸荒唐言，一把辛酸泪。都云作者痴，谁解其中味？”什么叫“荒唐”？词典上解释就是思想、言行不符合常理人情，使人感到离奇。显然，用这样的意思解读最优秀的古典长篇小说《红楼梦》是不符合事实的。

那么，怎样去理解曹雪芹的“满纸荒唐言”呢？

作品开头编织的神话故事美丽而荒诞。女娲炼石补天剩下一块石头不能用，由于通了灵性，就起了凡心。一僧一道将它变成一块美玉，缩成扇坠大小带到人间，即为主人公贾宝玉降生时口中所含的那块名扬天下的宝玉。日后，石头将自己的人世经历记录下来，便成了《红楼梦》这部文学巨著。

曹雪芹在作品中还塑造了一个女神生活的太虚幻境。这里的女神除了具有神的共性外，同古往今来中外所有神不同，他们专管人们的感情世界，这是一个女尊男卑的世界，这里教育人的方法和别的神界很不相同，而是醉以灵酒，沁以仙茗，警以妙曲，嫁以亲妹。

虽然，从《红楼梦》全书，特别是从作品的主题思想来看，是基于现实主义手法的，但是，从以上几个方面来看，又兼有鲜明突出的浪漫主义色彩。所以，曹雪芹说自己的作品“满纸荒唐言”虽有夸张，但也是有来由的。

另外，小说中有些重要的情节让人也觉得很“荒唐”，如第二十五回，赵姨娘因看不惯宝玉和王熙凤两人深得贾母的宠爱，勾结马道婆，用“魇魔法术”把宝玉和王熙凤弄疯，若不是和尚道士赶来救人，宝玉和王熙凤早已经死了。这段情节不是安排在虚幻之境，而是在现实生活之中，而且写得如此怪异，的确很“荒唐”。

为什么有人说纪晓岚笔下有“玩具总动员”？

原来，纪晓岚编写了一本笔记小说《阅微草堂笔记》。《阅微草堂笔记》内容丰富，医卜星相，三教九流，无不涉及，其中也用童话式的笔法，讲述了不少和“玩具总动员”相类似的故事：

有一天，一个卖通草花的小贩到宅前说，有个留长发的姑娘买了他的通草花头饰进去，一直没出来付款。大家很纳闷，解释说家里没有人买通草花头饰。正在争执间，忽然有个老婆婆说：“厕所扫把上插了好几朵通草花。”于是，这个故事有了神话式的谜底——扫把变成姑娘的模样出来买通草花。

又如:

只要是有月光的夜晚，纪奶奶舅舅家那几间堆放杂物的空房子前就会有一个漂亮的女孩带着一群小孩玩耍。那个女孩漂亮是漂亮，但脸上却莫名其妙地画着胡子。一起玩耍的小孩有的是跛子，有的是盲人，有的甚至“头面破损”。一见到人，这些怪物就马上消失了。后来，纪奶奶的舅舅整理杂物间，发现一大堆残破的泥人玩具，跟大家在月光下看到的一模一样。那群四肢不全的小孩儿原来是以前被弄坏了的泥玩具。大姑娘脸上的胡子也是调皮的小朋友们画在泥玩具上的。

在纪晓岚的笔下，扫把能跑出去买化妆品，泥玩具能出来赏月色……这俨然就是清朝版的“玩具总动员”。神奇的想象背后，可见纪晓岚那颗未泯的童心。

清代最著名的畅销小说是哪一部?

明清时代的文学发展中，小说创作的成就最大，长篇短篇，文言白话，历史世情、神怪狐鬼，层出不穷。而要说古代小说中最伟大的作品，《红楼梦》是当之无愧的。作者曹雪芹呕心沥血，花费十年时间写成。它以繁复的结构，精确生动的语言描写大观园中女儿的悲惨命运，贾宝玉、林黛玉的爱情，以及四大家族衰落的历史。从中我们看到的不仅是一个故事，还有中国的各种文化特色、文化精髓，以及作者对于人性的理解。所以它有着极其复杂丰富的内蕴，不同的人都可以从中找到自己喜好的内容。所以这部小说一经写出，就受到了人们的喜爱，并迅速地传播开来，成了清代最畅销的小说。

《红楼梦》刚开始出现在世人面前时，主要是靠传抄流行的。那时候一部《红楼梦》的抄写本可以卖好几十两银子，由此可见人们对它的喜爱程度。到乾隆、嘉庆年间，《红楼梦》流传更加普遍，几乎每家的案头都摆放着一部，士大夫阅读评论《红楼梦》成为一时的风气。当时人说“开谈不说《红楼梦》，纵读诗书也枉然”。据说常州有个读书人读《红楼梦》废寝忘食，每每看到动人之处，或者长吁短叹，或者流泪悲伤，一个月就看了七遍。

不只是《红楼梦》的书籍流传广，其中的故事更是被人改编成各种艺术形式来表演。嘉庆年间有艺人将《红楼梦》改编为子弟书进行演唱。还有人将其中的故事改编为传奇、杂剧，达到了二十多种。

《儒林外史》中的严监生为什么能评为世界第五大吝啬鬼？他抠门到什么程度？

欧洲文学长廊中有四个经典的人物形象，他们均以吝啬而著称，可以说，他们将吝啬与贪婪的本性发挥到了极致。这四位吝啬鬼年龄相仿，脾气相似，有共性，又有各自鲜明的个性特征。俄国作家果戈理长篇小说《死魂灵》中的泼留希金是迂腐的吝啬鬼，英国作家莎士比亚剧作《威尼斯商人》中的夏洛克是凶狠毒辣的吝啬鬼，法国作家莫里哀剧作《悭吝人》中的阿巴贡是多疑的吝啬鬼，法国作家巴尔扎克长篇小说《守财奴》中的葛朗台是狡黠的吝啬鬼。

中国古典小说中有文学宝库中的第五大吝啬鬼，他就是《儒林外史》中的严监生。

《儒林外史》是由清代小说家吴敬梓（zǐ）创作的长篇章回体讽刺小说。小说以明代为背景，实际上讲述的是清代康熙至乾隆时期科举制度下读书人追求功名及生活的故事。它是中国古代讽刺文学的典范。

小说中的严监生本名严大育，字致和，因做过国子监学生，所以人们称他为严监生。他的财产主要有两种来源：一是靠剥削，二是靠精打细算，甚至靠生活方式上的自虐式的节俭。他花费的银子，都实在出于不得已。严监生临终的时候，已经说不出话了，却久久不得断气，费尽生命中最后一点力气，伸出两个指头，大侄子、二侄子、奶妈等一群人都猜不出他究竟想表达什么意思，最后还是小妾赵氏走上前，对他说："爷，只有我能知道你的心事。你是为那灯盏里点的是两茎灯草，不放心，恐费了油。"直到赵氏挑掉一根灯草，他方才点点头，咽下了最后一口气。这细节成为中国文学史上著名的一幕。

中国古代谁讲鬼故事讲得最好？

古人对于生活中某些现象不能做出科学的解释，就会凭借自己的想象去描述这些事情，他们往往认为生活中存在着种种超常的力量，比如：神、鬼、仙、魅等，是这些力量使生活中出现了很多离奇荒诞的事情。于是就产生了很多传说故事，有些人会将这些故事记录下来，有些人会将这些故事描写得更加细腻动人，还有的会凭借个人的想象创造这类故事。这类书籍在历史上屡屡出现，而其中写得最好的就是清代作家蒲松龄的《聊斋志异》。

《聊斋志异》的鬼狐故事之所以比之前任何一个时代的同类作品都好看，原因就是虽然故事的内容是鬼狐神怪，但是本质却贴近社会。《聊斋志异》中有很多篇章写的是与花妖狐媚交往的书生、文人，其实是通过这些故事揭露科举制度的黑暗。比如《司文郎》中的王平子写得一手好文章却不能高中，文理不通的余杭生却能一举夺魁；像《促织》中在位者的寻乐游戏竟然造成成名一家的悲剧，而成名之子幻化为促织才能给这一家的命运带来转变。这足以说明普通百姓的性命如同草芥，他们的命运随着统治者的喜怒而变化。

现实如此荒诞和黑暗，而鬼狐的世界却充满着温情和美好。尤其是那些化身女性的花妖狐媚，她们大多有着美丽的形象，给人带来温馨、欢乐、幸福，她们的出现抚慰了苦难穷愁的生活。比如《黄英》中的黄英是菊花精，她淡泊名利、清高脱俗。作者借此表达了自己内心的向往，是一种自我的精神慰藉，而对于读者来说是一种美的享受。

《聊斋志异》中的这些花妖狐媚展现出来的艺术世界，既可以引发我们对于现实世界的思索，也带领读者进入美好的精神境界。所以相比较以往的鬼狐形象，《聊斋志异》中的形象具有更丰富的内涵，展现了作者的严肃思考和精神追求，所以《聊斋志异》取得了其他同类作品不能超越的成就。

文学作品里经常提到斑竹或湘妃竹，它们和湘妃有什么关系呢？

斑竹是竹子的一种，因为它的秆和分枝上都有紫褐色的斑点，就像点点的泪痕，因此而得名。据传说，斑竹上的紫褐色斑点是湘妃的泪痕。

原来，在我们中华民族有一个古老而凄美的传说。舜帝听说九嶷（yí）山上有九条恶龙，住在九座岩洞里，经常到湘江里戏水作乐，弄得洪水暴涨，庄稼被冲毁，房屋被冲塌，老百姓叫苦连天。舜帝于是动身前往南方，决心帮助百姓消灭恶龙。舜帝一去多年，音讯全无。

舜帝有两个爱妃，一个叫女英，一个叫娥皇。娥皇和女英非常牵挂丈夫，于是两人跋山涉水，前往南方寻找丈夫。一天，她们来到了一个叫苍梧的地方。那里翠竹围绕，有一座珍珠贝壳叠成的高大坟墓，她们感到十分惊异，就问当地百姓这是谁的坟墓，乡亲告诉她们说，这是舜帝的坟墓。

听到噩耗，女英和娥皇悲痛欲绝，抚竹痛哭，足足哭了三天三夜，把眼睛哭肿了，把嗓子哭哑了，眼泪流干了，后来，眼睛流出的是殷红的血滴，血泪一点点洒在竹竿上，风干后，就成了累累的褐色斑痕。血泪都流尽之后，女英、娥皇便投入湘水，双双为丈夫殉身，后人尊奉她俩为“湘夫人”，也称“湘妃”。所以，就把沾有她们血泪斑痕的竹子叫作“湘妃竹”。

在古典诗词中，很多文人墨客，都在自己的作品中引入了“湘妃竹”这个典故。唐代诗人刘禹锡在《潇湘神》一诗中写道：“斑竹枝，斑竹枝，泪痕点点寄相思。”用斑竹上的泪痕点点来抒发相思情。唐代另一诗人刘长卿也写过《斑竹》一诗：“苍梧千载后，斑竹对湘沅。欲识湘妃怨，枝枝满泪痕。”这是用诗歌的形式在向后人讲述关于湘妃竹的传说。

稗官是怎样的官？为什么总把他与野史相提并论呢？

班固的《汉书·艺文志》中说："小说家者流，盖出于稗（bài）官。街谈巷语，道听途说者之所造也。"意思是说，小说大概都是稗官所作。街头巷尾中的谈论或是道听途说的一些事情都是稗官编造出来的。

三国时的如淳说："王者欲知闾巷风俗，故立稗官使称说之。"意思是说，帝王想了解民间风俗民情，就设置了稗官这个职位，让稗官给他讲述街谈巷议闲言碎语之类的事情。

显然，班固与如淳对"稗官"的解释有所不同，前者认为，稗官是小说的创作者，后者认为，稗官只是小说的采集者和讲述者。现代文学家鲁迅先生在《中国小说史略》第二篇《神话与传说》中说："稗官采集小说的有无，是另一问题；即使真有，也不过是小说书之起源，不是小说之起源。"鲁迅先生这段话，大体上是否定班固而支持如淳的，在他看来，稗官最多只做了采集工作，然后用文字记录了下来，而小说的起源与产生，与稗官没有直接关系。

"稗"是一年生草本植物，长在稻田里或低湿的地方，形状很像稻，但它的果实很细小，农夫往往把它当害草拔除。"稗"可以用来比喻微小的、琐碎的，那么"稗官"无疑是很小很小的官，他们是专给帝王述说街谈巷议、市井传闻的官，官阶极为低微。

自古就有"稗官野史"的成语，那"野史"又是什么意思呢？

"野史"一般是指古代私家编撰的史书，与朝廷主持的官修史书共存。与"正史"相对而言，"野"有两层含义：第一，从编撰者来说，在朝人士奉命编撰的为正史，在野人士自行编撰，未经官方批准审定的，更不是皇帝"钦定"的，甚至为官方所禁的，不是为了藏于庙堂官厅，而是流传于民间的，就是野史；第二，从雅与俗、文与野相对立而言，正史是经专门人员做过特别整理雕饰的，而野史多半是原始史料的汇编，或者原始史实的粗鄙记录，甚至没有什么可信度。当然，"野史"中也会有原始而逼近历史真相的内容。相比较而言，正史的史料应该更可靠，更权威也更可信，但由于封建的正统观念及其他种种原因，也删去了一些本该记入正史的事情。这些事情，往往可以从野史里得到弥补。

从稗官的职务特点不难推测，由于他们要向皇帝讲述来自社会最底层的民风民俗，就不得不先深入民间做调查采访与收集工作，经加工整理后讲述给皇帝听。其间，自然会有一些纯原始的素材，更有不少“野史”类内容。了解了稗官的工作性质，就不难理解“稗官野史”这个成语的含义了。

为什么常用“独领风骚”来形容一个人在文学上的卓越成就？“风骚”是什么？

“风骚”代表着文学的传统、文学的成就。为什么我们会选取这样两个字来表示文学成就、文学传统呢？这要追述一下我们悠久的文学史。

《诗经》在内容上分为三个部分，即风、雅、颂。第一部分就是十五国风，它描写了西周至春秋时期不同地方的人的生活面貌，亲情、爱情、婚姻、战争、农耕等生活的方方面面，我们都可以从十五国风的作品中看到。十五国风就代表了一种现实主义的诗歌创作传统，它们语言质朴，情感纯真，是我国诗歌史上的天籁之音。《风》诗代表着现实主义的创作成就与高峰。

《楚辞》是以屈原的诗歌作品为主的一部诗歌集。其中第一篇便是屈原的《离骚》，屈原在这篇作品中以浪漫的想象描写了自己高洁的志向不为时人接受，反遭诬陷的悲惨遭遇，情感激烈，动人心魄，语言华艳，想象瑰丽，是我国诗歌史上壮丽的个人作品。《离骚》代表着浪漫主义诗歌创作的成就与高峰。

以十五国风、《离骚》为代表的《诗经》《楚辞》便是先秦时代的文学创作的高峰。“风骚”也就成为我国古代文学传统与成就的代名词。在以后的文学史中，如果哪个作家或者流派取得了不同寻常的文学成就，就被人赞许为“独领风骚”。

我们都知道没有声音才算安静，为什么古人却说有了知了叫，有了鸟鸣，才更幽静呢？

关于这个问题，要说到南朝时的一个诗人王籍。有一次他去绍兴附近的若耶溪游玩。那里群山秀岭、溪水错流，而且两岸青竹苍翠，嘉树成荫，让行走在山水之间的人不禁沉醉留恋。王籍在此留下了一首诗，就是著名的《入若耶溪》，其中的两句“蝉噪林逾静，鸟鸣山更幽”千古流传，屡屡得到称赞。在那草树丰茂、溪水静流的山间，空气清新，景色幽静，而幽静中又处处透露出生机。有什么句子可以表达这种沁人心脾的幽静呢？作者采用的是以动写静的方法。他没有直接写山间是如何寂静，因为这样是写不出静的风景的神韵来的。他写到了两种声音，就是蝉和鸟儿的鸣唱。道旁树上有蝉在鸣叫，除此之外，似乎听不到别的声音了，如此这树林间显得更加安静。而偶尔传来的一两声鸟儿的清脆鸣叫，在这群山之间，也显得更加幽静。这就是以动写静，用声音的描写来衬托景色的静谧怡人。如果你有在山间行走的经历，你就会体会到作者这种描写的恰切之处。

王籍的这种以动写静的方法在当时受到了很多人的称赞，被誉为“文外独绝”。而他这种写法也影响了不少后来人，许多人以这种方法描写更加优美的景色，创造出更加优美的诗句。比如唐代杜甫就有诗句“春山无伴独相求，伐木丁丁山更幽”，即是以动写静来展现幽静的春山。还有大家都熟悉的王维的《鹿柴》：“空山不见人，但闻人语响。返景入深林，复照青苔上。”幽寂的山林里隐约有人说话的声音，似乎更加彰显了无边的寂静。你仔细体会一下，是不是这样？

艺术博览

是什么音乐让孔子听了之后“三月不知肉味”？

据《论语·述而》记载，孔子在齐国欣赏韶乐时“三月不知肉味”。这当然不是指孔子三个月没有吃上肉，而是说孔子听得非常专注，以至于根本没有注意送上来的食物到底是什么。那么，韶乐究竟是怎样一种音乐，居然有那么大的魅力？

据说韶乐是古代传说中的贤君舜所创作的乐舞，《史记·乐书》认为“韶”是继承的意思，因此韶乐就可以理解为是舜为了继承尧的圣德而创作的作品，是一种庄重肃穆的宫廷乐舞。而当韶乐传到齐国之后，它在齐国特别注重礼乐文化的社会氛围中经历了变化和发展，已经和原初的韶乐有所不同。尽管如此，齐国的韶乐仍然被认为是古代乐舞文化的正统，所以《隋书·何妥传》中有“秦始皇灭齐，得齐韶乐”的说法。而自秦汉之后，即使音乐的内容与原初之作相比已经产生了极大的变化，韶乐在宫廷雅乐中始终居于很高的地位。

那么，孔子所听到的韶乐究竟是怎样的音乐？事实上，因为资料的缺乏，我们无法复原当时的场景，但是从其效果上来看，韶乐之所以能够让孔子“三月不知肉味”，很大程度上是和其象征意义联系在一起的。古人相信，音乐创作者的品德、气质及其所处的时代特征都会如实反映在其创作的作品之中，故欣赏者能够通过欣赏音乐了解音乐背后的作者及其时代。因此，既然孔子相信韶乐是舜所创作的作品，那么与其说孔子陶醉于音乐之中，不如说他沉浸于音乐所体现的圣君治国的风采之中——这种礼乐文化，是作为政治家和思想家的孔子的毕生向往。

西方人用哆雷咪发嗦啦（123456）作音阶，我国古代用什么表示音律？

我国古代的音乐学中有“五声”“十二律”之称。所谓“五声”，即宫、商、角、徵（zhǐ）、羽，相当于西方音阶do、re、mi、sol、la。而“十二律”，则是将一个八度依照“三分损益”的原则分为黄钟、大吕、太簇、夹钟、姑洗、仲吕、蕤（ruí）宾、林钟、夷则、南吕、无射、应钟等十二个不完全相等的半音。

五声十二律的说法在历代典籍中带有一定的神秘主义色彩。为什么是“五声”呢？因为有“五行”金木水火土。为什么是“十二律”呢？因为一年有十二个月。这样的解释固然有些牵强，但是除却这层神秘主义的外衣，“五声十二律”自有其音乐学上的道理。在西方古典音乐中，一个八度也同样分为十二个半音（最典型的例子就是钢琴的黑白键），而且“十二平均律”还是中国明代的朱载堉（yù）发明的，比西方音乐要早上一百多年。另一方面，在中国从古至今的民间音乐中，“五声音阶”得到了广泛的使用。虽然在五声之外，也存在着变宫、变徵这样的音阶，但是它们往往是和一种悲伤的感情联系在一起的，比如荆轲在告别燕太子丹、去往秦国之前所唱的“风萧萧兮易水寒，壮士一去兮不复还”，就是所谓的“变徵”之声。

当然，中国古代音乐中的音阶使用确实也并不限于五声音阶。在民间音乐之外，尤其是从近年出土的各种古代乐器来看，不仅七声音阶得到了广泛的使用，甚至还可能存在着八声音阶乃至九声音阶的音乐作品，这些音乐作品也同样是中国古代音乐的重要组成部分，因此我们并不能将中国古代音乐简单概括为五声音阶。

中国古代有没有类似交响乐的音乐形式呢？

如果把各种乐器的合奏视为交响乐的一大特征的话，那么中国的民间音乐如江南丝竹等似乎也可以被称为“交响乐”。但是就传统民间音乐而言，如江南丝竹，首先它规模较小，只有三到八人左右（大型的民乐合奏是新中国成立后仿效西方交响乐的规模而创制的）；其次，在音乐本身的内涵上，也不如西方交响乐来得深刻、厚重、丰富。

那么，中国古代大型的宫廷音乐又是否能够被称为“交响乐”呢？比如明清时代的宫廷雅乐，其场合之庄重、乐器之丰富、人数之众多等特征都似乎与西方的交响乐颇为接近。但是，这种宫廷雅乐在音乐性上和交响乐恐怕无法比较；从其功能上而言，也只是能够在祭祀等场合充充门面，以彰显统治者并没有放弃雅乐。

战国时期的曾侯乙编钟

但是，从近几十年来出土的文物当中，我们惊奇地发现，古老的中国曾存在过一个瑰丽多彩的音乐世界。比如上世纪70年代在湖北出土的战国时期的曾侯乙编钟，这套编钟一共由65个钟组成，每个钟都可以根据敲击位置的不同而发出两个不同音高的乐音，并由此形成了与现代近似的七声音阶，音域也宽达五个八度。其中最小的钟才两公斤左右，而最大的钟竟然重达两百多公斤，整套编钟更是重达两吨半。在曾侯乙墓，与编钟同时出土的还有编磬（qìng，用石头制成的敲击乐器）、琴、瑟、箫、鼓等乐器，这就让我们得以想象，当这些乐器组合起来演奏时，一定非常恢宏大气——这或许称得上是中国古代的“交响乐”吧！

八音盒与我国传统的“八音”有关系吗？

八音盒是一种半自动音乐盒。其发音原理大致是：将乐曲音符的时间距离转化为金属滚筒（或圆盘）上凸起小点之间的空间距离，将各个音符的音高转化为凸起小点在滚筒（或圆盘）匀速滚动时拨动音板上的金属簧片所产生的不同频率。由于其音色自然清澈，同时又体现出欧洲古典贵族式的浪漫情趣，因此虽然八音盒只能播放一些简单的乐曲，却仍然受到人们广泛的喜爱。

那么八音盒与中国传统的“八音”是否有关系呢？

“八音”一词是中国古人对乐器的统称。在《周礼》中，就有以丝、竹、金、石、匏（páo）、土、革、木为八音的记载。“丝”是指琴瑟等弹拨乐器。“竹”是指笙箫等吹管乐器。“金”“石”“革”“木”都是打击乐器，“金”如编钟，“石”如编磬，“革”有鼓，“木”有敔（yǔ）。“匏”是用类似于葫芦的植物制成的乐器。“土”则主要指埙(xūn)。由于这些乐器构成了中国古代音乐演奏的主体，后人往往以“八音”来代指各种音乐。

或许只有在这一点上，“八音”和“八音盒”才是有联系的。其实在英语中，八音盒(Musical box)仅仅是“音乐盒”的意思。如果非要追究起来，“八音盒”的音色其实只属于古代“八音”中的“金”。但是将其翻译为“八音盒”，则让人对这种自动发声的装置充满想象，似乎各种音乐都能从这个盒子中神奇地流淌而出。可以说，这是一个相当有趣的翻译。

为什么用“琴瑟和鸣”形容夫妻感情好?

“琴瑟和鸣”这个词涉及琴和瑟两种乐器。传说这两种乐器都是伏羲发明的，在中国古代文献中，琴瑟合奏的记载也早已有之。其中最著名的是《诗经·关雎(jū)》中的那句“窈窕淑女，琴瑟友之”，《诗经·郑风·女曰鸡鸣》中也有“宜言饮酒，与子偕老。琴瑟在御，莫不静好”这样的诗句。因此，尽管古时琴瑟合奏只是一种常见的演奏搭配，但因其往往出现在表达爱情的诗歌中，便经常用来代指夫妻之间的幸福生活，“琴瑟和鸣”“琴瑟之好”之类的词都是对夫妻感情良好的形容。

那么，琴和瑟究竟是怎样的乐器呢?这两种乐器都是由木制琴体及丝质或钢质琴弦所组成的弹拨乐器，依靠手指弹拨不同粗细的弦来发出不同音高的声音。在乐器形制上，这两件乐器古今有很大的不同。传说琴在创制之初是五条弦，周文王加了一条“文”弦，周武王加了一条“武”弦，由此成了七弦琴。而瑟在创作之初则有五十条弦，因为声音太过悲伤，所以被一破为二，变成了二十五弦。但从出土实物来看，古代的琴既有五弦的，也有七弦甚至十弦的，而瑟则有二十三弦和二十五弦之分。现在的音乐演奏中，我们所能看到的琴和瑟，一般都是七弦琴和二十五弦瑟。

古琴和古筝都是典型的古代乐器，它们有什么区别呢？

尽管古琴和古筝都是横卧式的弹拨乐器，其实它们有很大不同：首先是弦数上的差别。我们现在所看到的古琴一般有七条弦，所以又被称为七弦琴；而现代所见的古筝则是二十一条弦。其次，它们改变音高的原理不同。对于琴来说，除了七条弦本身的空弦音高外，每条弦都还可以通过左手按弦位置的左右移动，以改变有效弦长的方式来改变音高，由此产生丰富的音乐效果；而对于古筝来说，它的每条弦都有一根弦柱支撑着，因此弦与面板的距离较大，每条弦的音高不能被任意改变，只能通过左手向下按弦来对音高稍做调整。第三，从音色上说，古琴音量不大，但具有散音、按音、泛音等多种音色变化，其温润的效果较适合小规模的演奏；古筝的音色响亮，更具有舞台表演的效果。

此外，两种乐器各自的历史渊源也差别甚大：古琴相传为伏羲所创，在后世的流传中，往往带有较强的文人色彩，受到古代儒家和道家的一致推崇；古筝则更接近于民间音乐，其形制也一直随着演奏的需要而不断调整。

“无丝竹之乱耳”，“丝竹”到底是什么呢？

“丝”指的是用蚕丝为弦制成的乐器。在“丝竹”二字被广泛使用的早期中国，二胡这样的拉弦乐器尚未从西域引入，所以“丝”代指的其实是琴瑟等弹拨乐器。用蚕丝为弦制作乐器是古人的一种发明，与西方早期音乐中用动物的肠线来制作琴弦相比，更为温和持久。而相较于如今琴筝等弹拨乐器所广泛使用的钢丝弦而言，以蚕丝为弦也具有特殊的温柔敦厚的美感。

“竹”是指用竹管制成的乐器，大致可以分为单管和多管两种。单管竹乐器如箫笛，是在吹奏孔之外，在竹管上另有一排调节音高的按孔，演奏时以手指按住不同的孔来控制乐曲中的音高变化。多管竹乐器如笙竽，是将长短不同的竹管编排在一起，从而在演奏时获取不同的音高。将“丝竹”合称以代表音乐的起源很早，这或许是因为钟鼓等乐器过于大型，更适合正规典雅的场合，而丝竹这样的乐器形制相对较小，便于日常的歌舞娱乐，因此或许可以称之为古代的“轻音乐”。

如今已经失传的“箜篌”为什么受到众多文学家的青睐？

箜篌（kōnghóu）有卧箜篌与竖箜篌之分。传说卧箜篌是汉武帝命人制作、运用于祭祀演奏雅乐的乐器，其形制接近于瑟，有七条弦，用拨子进行演奏。但是这种卧箜篌到了唐宋之后就逐渐失传，因此我们并不清楚汉代人所说的箜篌究竟是怎样的一种乐器。

敦煌壁画箜篌演奏图

竖箜篌则来源于西域，是少数民族所演奏的乐器。它与现在西方的竖琴有一定的渊源，演奏方法也与竖琴类似，都是竖抱于怀中，两手在弦的两侧交相弹拨而发出动人的乐声。但是这种竖箜篌到了明清之后也逐渐失传，好在从古代的各种绘画中我们能够看出竖箜篌的样子，可以将它重新复制出来，并用于演奏。

其实与古筝、琵琶相比，箜篌的文学色彩更为浓厚。或许是因为其音色的空灵，文学作品中出现箜篌时，往往会带有一丝远离人间的、凄美的色彩。比如在那首伤感的歌咏爱情的乐府诗《孔雀东南飞》中，就有“十五弹箜篌，十六诵诗书”的诗句，而在李贺的《李凭箜篌引》中也出现了“江娥啼竹素女愁，李凭中国弹箜篌”的诗句。这种感伤的情调往往使箜篌与凄美的女子形象联系在一起，而箜篌也逐渐成为一种典型的文学象征。

琵琶的名称来源于弹奏手法？古代的琵琶样式和今天的琵琶样式一样吗？

琵琶是古代西域少数民族在马上所演奏的乐器。它的名称来源于演奏的手法：向外弹弦的手法称为“批”，向内拨弦的手法称为“把”。

直项琵琶在汉代时已经传入中国，并且在长期的融合中，被逐渐认同为中国本土的乐器。而公元4世纪左右又从中亚传入了用拨子演奏的曲项琵琶，这种琵琶又被称为“胡琵琶”。曲项琵琶在唐代中西文化交流极为频繁的时期，得到了人们广泛的喜爱，我们今天在敦煌的壁画中还能看到“反弹琵琶”的飞天形象。白居易《琵琶行》中的琵琶女所演奏的乐器，应该就是这种曲项琵琶；而现在我们所看到的琵琶，也正是由曲项琵琶演奏演变而来。

当然，我们今天所见到的琵琶，在演奏方法上和唐代的曲项琵琶是有所不同的。首先是从那时的横抱变成了竖抱，其次则是从用拨子演奏变成了用手指演奏（日本的琵琶演奏则更多地保留了唐代琵琶的特点，仍然使用拨子演奏）。同时，在形制上，为了与各种其他现代乐器配合得更好，琵琶的外形和构件也有了一定的变化。

“千载琵琶作胡语，分明怨恨曲中论”，为什么汉代宫廷所奏的多为胡乐胡曲？

胡乐是古代北方民族和西域各地音乐的总称。其实，早在先秦时期，少数民族的音乐就已进入中原，并逐渐实现了中原音乐与少数民族音乐的融合。汉代初期，西南、西北、北部少数民族音乐进入中原，少数民族音乐、舞蹈开始频繁进入宫廷，并逐渐活跃于宫廷之中，它是汉代统一后，民族文化交流、融合的一部分。如汉初的贾谊就曾经建议汉文帝优待归汉的匈奴人，为他们表演胡人的歌舞杂技，因此汉文帝时的宫廷中已经有许多乐人能够表演胡乐。

“千载琵琶作胡语，分明怨恨曲中论”中的“琵琶”也是从胡地传入中原的乐器。

在胡地，琵琶多用于马上的弹奏；传到中原后，琵琶经常弹奏的乐曲依然是胡音、胡调这样的塞外之音。

《梅花三弄》和《阳关三叠》中的“三弄”和“三叠”是什么意思？

《梅花三弄》是中国著名的古曲，传说为东晋的桓伊所作。只是在《世说新语》对桓伊故事的记载中，其实只说到桓伊为王徽之吹了三段笛曲（“弄”是“段”“章”的意思），并没有说到这首曲子就叫《梅花三弄》。

明代朱权所编集的古琴谱《神奇秘谱》中，出现了《梅花三弄》的名称，由此我们得知它是从笛曲改编而来的琴曲。这首琴曲有三次重复主题的出现，每次的重复都在泛音的段落，整首乐曲便有了一种回环往复、流畅生动的美感，鲜明地体现出傲雪凌霜的梅花意象。这就是它被称为《梅花三弄》的由来。

《阳关三叠》则是对唐代诗人王维的《送元二使安西》的音乐演绎。《送元二使安西》原文只有四句：“渭城朝雨浥轻尘，客舍青青柳色新。劝君更尽一杯酒，西出阳关无故人。” 谱成曲后又增加了一些词句。

《梅花三弄》和《阳关三叠》在乐曲结构上都存在着一种递进的关系，在每一次的重复之后，每一弄（叠）都要比前一弄（叠）篇幅更长，感情也更为投入。这或许就是“三”在结构和内容上的意义所在。

为什么《十面埋伏》这首曲子听起来有金戈铁马的肃杀之气？

《十面埋伏》是一首动人心魄的古曲，表现了楚汉相争、垓（gāi）下之围的场面，凸显了乐曲激烈雄壮、复杂多变、富于戏剧性的特点，是我国传统器乐作品中大型琵

琶曲的代表作。

垓下决战之际，刘邦的三十万汉军将项羽的十万之众团团围住。半夜时项羽突然听到汉营唱起了楚歌，以为楚地已经陷落；被困的楚军听到楚歌，思乡心切，斗志瓦解，纷纷逃散。项羽决定黎明突围，返回江东。此夜，项王慷慨悲歌："力拔山兮气盖世，时不利兮骓（zhuī）不逝。骓不逝兮可奈何？虞兮虞兮奈若何？"众人泣涕，莫能仰视。虞姬是一直陪侍在军中的项王爱妾，她自知难与项王一同突围，便自刎于军中。项王率八百骑兵连夜突围外逃，汉军以五千骑兵追击。项羽与汉军激战数次，逃到乌江边时只剩下他一人一骑，他自感无颜见江东父老，便自刎而死，汉军取得了最终的胜利。

有意思的是，对垓下之围的文学和史学记述大多是站在楚军角度，以项羽为叙事主体，凸显英雄末路之际的悲壮。另一首著名的琵琶曲《霸王卸甲》也是以此为主题的。而《十面埋伏》的叙事主体则是汉军，整首乐曲主要表现楚汉两军殊死决战的激烈情景，因此有一种金戈铁马的肃杀之气。

"商女不知亡国恨，隔江犹唱后庭花"，《后庭花》为什么成了亡国之音？

"后庭花"全名为《玉树后庭花》，是南朝陈代的最后一位君主陈叔宝（后世称为"陈后主"）所创制的乐曲，音调非常轻荡绮艳。陈后主和他宠幸的大臣还一起为这首乐曲填写了歌词，并命后宫的佳人们一起歌唱。由于歌曲和歌词听起来非常哀怨，曲中甚至还出现了"玉树后庭花，花开不复久"这样影射国家兴亡的词句，所以当时人们就认为《玉树后庭花》是陈朝灭亡的预兆。

我们现在所能够看到的较为完整的《玉树后庭花》一诗正是陈后主创作的：

丽宇芳林对高阁，新装艳质本倾城。
映户凝娇乍不进，出帷含态笑相迎。
妖姬脸似花含露，玉树流光照后庭。

平心而论，这首诗固然写得华艳，境界也并不高，但是要让它担起亡国之音的重责，似乎过了些。类似格调的诗作在初唐诗中并不少见，即使是“花开不复久”这样的句子，在唐诗中也不乏相似之作，如“今年花落颜色改，明年花开复谁在”等。那么为什么偏偏《玉树后庭花》被认为是“亡国之音”呢？

或许最重要的原因就在于陈后主是一个亡国之君。陈后主非常宠爱贵妃张丽华，每天都和张丽华及其他妃子一起饮酒作乐，不事朝政。当隋朝大军攻破都城时，陈后主竟然和两个妃子一起躲藏在井中，最后仍被隋军擒获。或许不是因为《玉树后庭花》预示了陈朝的灭亡，是亡国之音；而是因为陈朝亡国了，后人才将《玉树后庭花》认定为“亡国之音”。

二胡名曲《二泉映月》中的“二泉”是指两眼清泉吗？

“二泉”不是指两眼清泉，而是指江苏无锡的惠山泉水。阿炳的《二泉映月》让此泉名扬天下。

在中国民族音乐的宝库中，《二泉映月》是不可多得的精品。但是这首乐曲的诞生却历经坎坷。它的作者阿炳原名华彦钧，从小接受其养父严格的道教音乐训练，掌握了琵琶、二胡等各种乐器的演奏。阿炳在十六岁时已经成为无锡道教界的有名乐师，而在中年双目失明之后，他走上了卖艺、乞讨之路，成为中国普通百姓命运最悲惨的一类人。不过，他仍是无锡城里技艺最出众的艺人，启用艺名“瞎子阿炳”行世。

在流浪卖艺的生涯中，阿炳逐渐将江南丝竹、常锡滩簧等音乐元素融汇在一起，创制出一首首从其内心流淌而出的音乐作品。上世纪50年代，著名音乐研究者杨荫浏先生前往无锡进行抢救性的音乐采风，灌制了一系列钢丝录音。其中阿炳拉的一首二胡曲深深打动了他。他一听之下连忙问阿炳这首乐曲叫什么名字，阿炳却说这只是随意拉的曲子而已。杨荫浏斟酌良久，在征得阿炳同意后，将无锡的著名景点惠山泉——这也是阿炳常演奏该曲的地方，与《三潭印月》的曲名相杂糅，将此曲命名为《二泉映月》。

最初的舞蹈不是为了娱乐？舞蹈的这些实用功能出乎意料。

最初的舞蹈并不只是出于审美的需要而产生的，它至少有三个现实目的：一是作为祭祀时与神灵和祖先交流的仪式程序；二是作为狩猎和征战时为了恐吓、战胜对方所采用的战术动作；三是作为一种生殖崇拜，向异性展示自己的身体，以增加自己繁衍后代的机会。也就是说，人类最初的舞蹈不是为了愉悦心情和供人欣赏，而是关系到实实在在的社会生活。随着人类生产和生活水平的提高，舞蹈才慢慢从劳动生活中分离出来，逐渐演化为愉悦心情和供人欣赏的一种艺术。

距今约五千年的原始舞蹈彩陶盆，内壁绘有三组相同的舞蹈场面，记录了最古老的原始舞蹈图像。

在人类原始部落里，舞蹈具有全社会性。因为在组织散漫、生活不安定的情况下，需要有一种社会感应力使他们团结在一起，而舞蹈就是产生这种感应力的重要手段。不论是狩猎还是战争，都是整个部落一起行动，相应地，原始舞蹈也总是集体性的。从文献记载而言，中国自伏羲女娲到各时期的氏族部落时期都有各自的乐舞。就实物而言，在内蒙古、广西等地的岩画中，我们可以看到群体性的载歌载舞，这些岩画表现出原始人质朴虔诚的精神信仰。

为什么傣族人喜欢跳孔雀舞？

孔雀舞是傣族最具代表性的传统舞蹈。对于傣族人而言，孔雀是一种“圣鸟”，象征着美丽善良、吉祥幸福。这种象征或许与佛教有一定的关系：相传有一次佛祖讲法时孔雀去晚了，由于听法的人太多，孔雀无法接近佛祖，于是便跳起了美丽的舞蹈，听法的人们纷纷为之吸引，为孔雀让开一条道路，使孔雀得以上前把自己的羽毛进献给佛祖。这是关于孔雀舞来源的一种传说。此外，流传较广的传说还有召树屯与兰吾罗娜的故事。在这一传说中，孔雀舞源于孔雀公主兰吾罗娜在刑场上身披五光十色、灿烂夺目的孔雀氅跳的一支舞，舞姿焕发着圣洁的光芒，充满了和平及对人世的爱。

我们今天所看到的孔雀舞，大多是根据各种传说编成的。有的侧重模仿孔雀的举动，有的表现孔雀的内心活动，舞姿灵秀轻盈，优美婀娜，审美价值极高。但是孔雀舞从古到今，其实已经发生了相当大的变化。传统的孔雀舞是一种男性的舞蹈，且在演出时带有假面和道具，表现的是一种刚健硬朗的美感。直到20世纪，假面和道具才退出了表演舞台，演员也以女性为主，更侧重于通过肢体的运动表现女性独有的柔婉之美。

为什么将戏曲班子称作“梨园”？

“梨园”的来历有两种说法。一种说法认为先有了曲艺才有梨园。据清代孙星衍所撰写的《吴郡老郎庙》记载，唐玄宗时有一位很擅长霓裳羽衣舞的艺人名“光”，玄宗给他赐姓为李氏，并让他在宫中教习弟子。因为李光爱吃梨，所以在他的住所遍植梨树，取名梨园。另一种说法则认为先有了梨园然后才引入了曲艺，梨园原初只不过是唐代皇家禁苑中的一个果园，和桑园、桃园等并没有什么不同，都是皇室及贵臣的宴饮游乐之所。只是由于唐玄宗非常爱好音乐，将几百名优秀的乐工子弟引入梨园进行各种曲艺训练，才使梨园从一个单纯的果园变成一所“曲艺学校”，而这所曲艺学校的“校长”就是玄宗李隆基本人。

相比之下，第二种说法或许更可靠一些。李隆基本身就是一位杰出的音乐家，他有足够的水平可以对乐工做出指导。一旦乐工在排练和演出时音声有误，他能发觉并予以纠正。正因为在那样一个辉煌的时代中，戏曲曾经居于如此高的地位，让在大多数时代地位比较低下的乐工在那时一跃成为皇帝的学生，风光无限，所以“梨园”后来就自然成为戏曲界的代称，唐玄宗李隆基也被奉为戏曲界的祖师爷，后世一代代的戏曲家们便以“梨园子弟”自居了。

古典戏曲表演中的水袖是一种什么样的袖子？与水有关吗？

在中国古代的戏曲表演中，袖子的作用非常重要，“长袖善舞”这个成语说的就是舞蹈中长袖的使用。袖子加长之后，演员在表现肢体动作时就更容易表现出一种飘逸的美感，这种美感在后世的戏剧当中体现得尤为充分。为了能够使人物的动作具有更多的观赏性，同时以更为象征化的手法表现出人物的内在心理，戏剧演员服饰的袖子上会多加一段白色的绸缎以便舞动。由于绸缎在舞动时更容易产生水波荡漾般的视觉效果，故名水袖。

早期的水袖并不是非常长，大约只有三寸到四五寸，但是现在舞台上常见的水袖一般有一尺二寸左右长，旦角的水袖甚至可以达到二尺二寸以上。水袖长度的变化与中国戏曲的特性有很大关系。中国戏曲中的道具使用往往比较简单，因此戏曲中所需要表现的种种效果都需要靠象征化的服饰和动作来进行夸张性的演绎。比如把水袖往胸前一带，然后向着对方横挥出去，这是表示赶对方走开；又比如旦角扯起水袖遮住脸，然后偷偷露眼观察对方，这是表示害羞和爱慕，等等。各种借助于水袖来表现的动作相当复杂，由此，水袖的表演技巧也成为一门专门的“水袖功”，抖袖、掷袖、挥袖、拂袖、摆袖、掸袖、叠袖、搭袖、绕袖等种种技巧是表演者必须下功夫掌握的。

明代戏曲家汤显祖为什么被称为“东方的莎士比亚”？

纵观中国戏剧史，如果只列举出一位影响力贯穿古今的戏剧家的话，那恐怕非汤显祖莫属。汤显祖的《牡丹亭》久演不衰，广受欢迎。究其原因，有如下几点：

第一，《牡丹亭》是一出爱情故事，爱情的主题经久不衰。第二，《牡丹亭》表现的是年轻人对爱情的渴求。第三，与《西厢记》相比，《牡丹亭》在故事情节方面虽然不如它复杂，但在人物内心的多层次揭示方面，却比《西厢记》丰富生动、耐人寻味——也正是凭借这一点，汤显祖才能成为与莎士比亚相提并论的伟大剧作家。

《牡丹亭》中这一特点的展现之一就是对杜丽娘的描写：

> 【皂罗袍】原来姹紫嫣红开遍，似这般都付与断井颓垣。良辰美景奈何天，赏心乐事谁家院？（恁般景致，我老爷和奶奶再不提起。）朝飞暮卷，云霞翠轩。雨丝风片，烟波画船，锦屏人忒看的这韶光贱。

从这一曲中可以看到，杜丽娘对爱情的渴望是由对生命的思考而产生的：生命本身并不长久，再好的花开了也会谢，而谢了的花只能“付与断井颓垣”。那么，这美好的生命在盛开之时又是否有人来欣赏？如果生命在盛开中不为人知地逐渐逝去，那么生命的意义何在？

这样对生命意义的追问，和莎士比亚的戏剧确实有很多共同之处，在《哈姆雷特》《李尔王》等莎翁剧作中，也能看到类似的追问和思考。

汤显祖和莎士比亚之间还有什么关系？他们两人都于1616年逝世，这或许是一个有意味的巧合。

昆曲为什么被称为“百戏之祖”？

昆曲之“昆”，是指位于江苏苏州的昆山。据明代嘉靖年间魏良辅的《南词引正》记载，这种戏曲唱腔最早可追溯到唐代，由元末明初的乐曲家顾坚整理改进，在明初确立了“昆山腔”之名。但真正使昆山腔成为一种具有广泛影响力的戏曲唱腔，是魏良辅的功劳。魏良辅吸收南北各种唱腔的长处，打造出一种清柔婉折、细腻优雅的“水磨调”，这就是我们今天所说的昆曲。

昆曲与同时代的其他戏曲相比，有几点特性值得一提：首先是唱腔的细腻化，发音吐字必须要极尽千回百转之妙，每字发音的头、腹、尾必须细匀，表现出温润清雅的美感。其次是伴奏乐器的多样化。在之前的其他戏曲中，伴奏乐曲多只用弦索，即琵琶、三弦等弦乐器；而昆曲中多用管乐，尤以曲笛为最主要的伴奏乐器。这两点结合起来，使昆曲带上了相当文雅的色彩。昆曲兴起之后就被当时的人们推崇为雅音。

在昆山腔兴起之前，南北曲调本来都有各自的曲牌、宫调，但昆山腔兴起之后，南北曲的牌调和唱法都按照昆山腔的唱腔规律进行了调整，我们目前所见的各种戏曲也大多受到过昆山腔的影响，因此昆曲被称为“百戏之祖”。2001年，昆曲被联合国教科文组织列为“人类口头和非物质遗产代表作”，开始得到人们的重视和大力保护。

京剧角色中的“丑角”是因为扮演者长得丑而被如此称呼吗？

京剧的角色有生、旦、净、末、丑之分，“丑”，可以说是京剧中最不可或缺的“佐料”。所谓“丑”，并不是指扮演者的长相丑陋，而是指这个角色的扮相比较滑稽。丑角扮相主要是在鼻梁和眼窝间抹一块白色，与脸谱复杂的“净”的大花脸和二花脸不同，“丑”被称为“三花脸”。这一角色既可以扮演机智幽默的正面人物，又可以扮演品质恶劣的反面人物；按其表演功夫的不同，丑角又可分为“文丑”和“武丑”。

京剧对于丑角的要求是相当严格的。丑角不仅要在念白上做到吐字清晰、声音洪亮、清脆流利、反应机敏，能够经常以插科打诨的方式引起观众的会心一笑，同时，在身段动作的表演方面丑角也更为复杂。比如“矮子功”，扮演者必须矮下身躯在舞台上时而前进时而后退，非常考验功夫。因此尽管丑角并不是一部京剧中的主要角色，只是作为陪衬出现，但他往往决定一次演出的成功与否，所谓“无丑不成戏”就是这个意思。

“兰花指”是形态像兰花的手势吗？

在中国戏曲和民族舞蹈中，都可以看到兰花指的倩影，那是一种仿佛幽兰展瓣吐蕊的曼妙手势。兰花指的动作形态该怎么描述呢？《中国豫剧大辞典》注解为：“取自植物兰花的自然形态，拇指搭住中指梢尖，余三指伸直，食指用劲，软而有力。小生、小旦常用。”相传兰花指以“钩、柔、白、瘦”为品鉴标准，达到“钩似圆月，柔若无骨，白如玉石，瘦胜麻秆”方为极品。

中国人对兰花的热爱，主要是受儒家文化的影响。兰花繁于幽谷，清香溢远，高洁美丽，被誉为花中四君子之一，文人雅士喜欢种兰、赏兰、咏兰、画兰，透过兰花来表达对君子之风以及高洁品行的赞美和追求。宋人郑思肖在南宋灭亡之后，为表示自己不忘故国，坐卧皆朝南方。他擅长画兰花，但亡国后画的兰花没有根和土，比喻国土沦丧，无从扎根。郑思肖所画墨兰中透出深沉的爱国情怀和君子之风。所以，兰花指蕴含着中国传统道德的美学思想，传达了中华民族对于审美人格境界的向往，因此能在舞台上始终绽放，源远流长。兰花指不仅取兰花初绽之形，更取其精神气节。

兰花指登上舞台，初创于元末明初的昆曲，后来在民间流行起来，继而被清代繁盛起来的京剧所采纳。京剧旦角用兰花指的形体语言，写意出中国女性的灵巧和柔美。京剧大师梅兰芳在汲取昆曲精华的基础上，自创了53式兰花指，每一式都有艺名，与京剧表演中的其他身段动作相呼应，更妙的是与眼神相得益彰，微妙生动地表现剧中人物复杂的思想性格和丰富的内心情感。

俗语常说“一个唱红脸，一个唱白脸”，在京剧中，红脸和白脸各自代表怎样的人物形象？

京剧中的各种复杂脸谱可以传达出不同的象征意义。比如，红色象征着人物的赤胆忠勇，关羽就是典型的例子；白色则象征奸诈阴险，曹操是典型的代表。这两种人物的性格和行事恰恰构成了两个极端，所以“一个唱红脸，一个唱白脸”说的就是两个人的言行截然相反。除此之外，黑色不仅象征人物的刚正忠勇，还往往伴随着刚勇的鲁莽，如张飞、李逵这样的角色就是如此；蓝色也同样是勇猛的表现，但更带有蛮横、刚烈的意味；紫色象征沉稳忠直，黄色则喻示了凶狠残暴。至于神佛鬼怪之类，则多用金银色，以表现其虚幻不实。

黄梅戏是一种曲调优美的地方戏曲，它的命名和梅花还是和梅子有关？

黄梅戏来源于湖北省黄梅县的黄梅采茶戏，由于黄梅县位于湖北、安徽、江西三省的交界处，人口流动较为频繁，黄梅采茶戏便在这片地域流传开来，并在流传的过程中产生了很多自然的演进变化。尤其是其中流传到现今安徽省安庆市的一支后来得到了发扬光大，成为今天我们所熟知的黄梅戏。因此，黄梅戏和昆曲一样，都是以其发源地命名的，与黄色的梅花没有任何关系。

作为一种来源于民间的地方戏种，黄梅戏始终没有像昆曲那样走上文人化、典雅化的道路，而保持着较强的通俗性。如安徽黄梅戏中的《打猪草》："小女子本姓陶（呀子依子呀），每天打猪草（依嗬呀），昨天我起晚了（嗬啥），今天要赶早（呀子依子呀）（呀子依，依子呀嗬啥），今天我要赶早（呀子依子呀）。"这种真实活泼的格调，带有强烈的生活气息，所以黄梅戏一直是广大群众喜闻乐见的地方剧种。

"双簧"原来是"双黄"？背后有着什么样的故事？

双簧产生的历史并不长，其得名却有一个很有意思的传说：

清朝中后期有一位自弹自唱的艺人黄甫臣，技艺高超，连慈禧太后都听说了他的名声，请他到宫里去弹唱。但当时黄甫臣已经七十多岁了，喉咙沙哑，不能再唱，可是如果不去却是违旨不遵的大罪。于是他想出一个办法，带上同样擅长演唱的儿子一起入宫。表演时，他在前面做出各种弹唱的动作，他儿子则躲在后面演唱，表演效果如出一人。后来慈禧太后知道了真相，反而相当高兴，称黄甫臣父子为"双黄"。这就是它得名的由来，后来为了和京剧二黄相区别，把"双黄"改成了"双簧"。

双簧表演如果和相声融合在一起，往往会产生一种特别幽默的效果，尤其是在动作表演者（称为"前脸儿"）和说唱者（称为"后背"或"后身"）发生错位时，更有喜剧效果。

在相声表演中，常有逗哏、捧哏之说，“哏”是什么意思呢？

“哏”（gén）是指对口相声中滑稽有趣的言语动作。在对口相声中表演者分为“逗哏”和“捧哏”两个角色，“逗哏”是相声中叙述故事情节的主体，“捧哏”则对“逗哏”的叙述进行配合，从而产生一段段令人开怀的笑料（相声称为“包袱”）。“逗”和“捧”两者配合恰当才能产生良好的演出效果，其实在一定程度上说，“捧”比“逗”更为重要。虽然整段相声开展的主动权是在“逗”，逗哏必须准备足够多的笑料；但捧哏必须要拿捏时机，对逗哏的言语动作做出及时而恰切的反应，才能使整段相声顺利地进行下去。在对口相声的演出中，尽管捧哏表面上是逗哏的陪衬，但其实捧哏往往多由经验更丰富的师父或师兄来担任，因此有“三分逗，七分捧”的说法。

比如下面这一段相声《趣味解说》：

甲：各位观众，也许您刚刚打开——

乙：电视。

甲：电梯。

乙：打开电梯看电视呀？

如果甲说完第一句之后乙没有及时跟上，那么甲必然陷入尴尬，而无法继续说下去。从乙对甲的回应内容来看，乙所说的是一个理所当然的答案，而甲却接了一个出人意料的“电梯”，这大大出乎听众的想象，从而产生语言搭配上的滑稽感。从这段简单的对话中，我们可以清楚地看到逗哏和捧哏各自的作用，相声的基本原理也正在其中。

逗哏和捧哏的默契需要在长期的配合中逐渐形成，在相声界我们往往会看到一些黄金搭档，如马三立和赵佩茹、侯宝林和郭启儒等，他们都留下了很多脍炙人口的经典相声段落。

欧美的说唱音乐和中国传统的说唱艺术有关系吗？

Hip Hop是由Rap演变而来的一个新兴音乐流派，是欧美流行的说唱音乐，意为一

种节奏快速的“以说为唱”的音乐形式，而中国传统的说唱艺术则主要指鼓词和弹词之类的“说一段唱一段”，两者其实没有任何关系。

要说到受欢迎的程度，这两种“说唱”都有极为广泛的爱好者群体，这是唯一的相似之处。尤其是中国从古至今长盛不衰的说唱艺术，始终拥有大量的观众，是除了戏剧之外最受欢迎的一种艺术形式。“说”用散体，“唱”为韵文。说唱艺术的地域分布非常广泛，如北方有京韵大鼓、唐山大鼓，南方有苏州弹词、温州鼓词等。以苏州弹词为例，演出时可以是一个人边说边唱，同时饰演多种角色，也可以是两三个人配合，分别饰演不同角色进行对话。唱时则配以琵琶和三弦的伴奏，并在长期的发展中形成了不同的曲调和唱腔。说唱的内容多为群众喜闻乐见的民间故事，并夹以各种幽默诙谐的逗趣，因此广受人们喜爱。

“舞狮”是我国传统的民间表演艺术，为什么是舞狮而不是舞别的动物呢？

中国本来没有狮子，狮子是汉代从西域传入的。之所以舞狮而不是舞其他如虎豹之类的动物，主要出于两个原因：第一，狮子在古代被想象为一种最强猛的动物，它不仅让虎豹畏服，连大象都怕它。南朝的宗悫（què）率兵南征，敌人派出了大象参加作战，宗悫则让士兵扮演成狮子的模样，果然在战阵上把大象吓跑了。这个历史故事也是舞狮的起源传说之一。第二，虽然中国没有狮子，但是在佛教典籍中，狮子作为一种圣兽而出现，比如《西游记》中文殊菩萨的坐骑就是一头青狮。随着佛教在中国的传播，狮子作为佛前圣兽的形象也得到了人们的认可。南北朝时期，中国北方佛教流行，在举行佛教活动时，往往由人扮演狮子在佛像前面作导引。这可能是用于庆典的舞狮活动的最早记载。

当然，最为明确的对舞狮活动的记载出现在唐代。白居易的《西凉伎》一诗中记有这样的舞狮活动：“西凉伎，西凉伎，假面胡人假狮子。刻木为头丝作尾，金镀眼睛银贴齿。奋迅毛衣摆双耳，如从流沙来万里。”无论是狮子的扮相还是动作，都和今

天民间常见的舞狮活动颇为近似。

经过千年的发展，舞狮活动逐渐和地域文化相结合，产生了南北不同的流派。北方的舞狮有更多的翻跃扑跌动作，南方的舞狮则更注重动作中的象征意义。现代的舞狮往往兼容南北之长，变得更加丰富多变。

旱船是什么样的船？陆地上怎么能够行船呢？

其实旱船的“船”不是指真正的船，而是一种模拟水中行船的民间舞蹈的舞具。这一舞具很独特，需要先用竹或秫秸（shújiē）扎成船形，之后在船形木架的周围糊上纸或缀上棉布，以遮住表演者的腿脚。船的上面，饰以彩绸、纸花或彩灯、明镜。

为什么会有“旱船”这种表演形式呢？根据民间传说，旱船的演出是为了纪念大禹或屈原。而在文字记载中，宋代的范成大写过“旱船遥似泛，水儡（lěi）近如生”的诗句，可见这种表演形式具有很长的历史。但就现在的旱船表演而言，似乎已经没有了传说中的历史纪念意味，而表现为一种渔家生活的戏剧性夸张，主要是供观众欣赏娱乐。

旱船表演至少需要两位演员，一位扮作艄公，在船外撑篙或划桨；一位扮作船娘，在船内控制船身的运动。旱船表演的难度在于，船里船外的艄公船娘必须有良好的配合和丰富的水上生活经验，在表演起锚、开船及在波浪中前行等动作时，必须尽可能逼真地模仿出船行的各种状态。旱船表演往往配合一定的音乐和戏曲，在增加热烈欢快的气氛的同时，也对表演者提出了更高的要求。

“马踏飞燕”保持重心稳定不倒的秘密是什么？

“马踏飞燕”是东汉时期的一件青铜器，1969年出土于甘肃武威。这件铜奔马身高34.5厘米，身长45厘米，宽13厘米，形象矫健俊美，别具风姿。形体如此大的一个

雕塑，却只有一只马蹄来支撑，整匹马呈现出一种凌空奔腾之势，这是这件雕塑灵动多姿的原因。但这里有一个技术上的难题，工匠是如何让它保持稳定平衡的呢？

原来艺术家有意将马的头和颈往后收缩，让重心尽量后移；同时使马踏燕的后蹄尽量前伸，让马的支撑点和重心正好在一条垂直线上。再加上向前后伸出的两条腿和扬起的尾巴，这样不仅使马在整体上保持了平衡，而且造型更加优美。

“马踏飞燕”青铜器

“唐三彩”的“三彩”是哪三种颜色？

唐三彩最早产生于南北朝时期，在唐朝发展到了顶点，因此，用“唐”来标志。这种瓷器在洛阳出土最多，也被称作“洛阳唐三彩”。它以黄、绿、白色为多见，还有红、褐、蓝、紫等色，有单彩、两彩或多彩之分。“三”在语言习惯中表示约数。“唐三彩”这个名字也不是当时制作时起的，而是民国初年古董商人对这种釉彩艳丽、造型生动的瓷器的私下称呼，渐渐被人们接受，演变成这种瓷器的正式称呼。

“唐三彩”艳丽的色彩是怎样烧制出来的呢？

首先，它的用料非常讲究。以洛阳周围产的纯净的高岭土为主要原料。这种土土质非常细腻，可塑性极强，做成胎体后不易开裂、变形。

其次，在釉彩的制作上，工艺极为复杂。它要先用含有铜（釉为绿色）、铁（赭黄色）、锰（紫色）、钴（蓝色）、锑（浅

唐三彩凤首壶

黄）等金属元素的矿物质作釉料着色剂，并加入铅、铝作助熔剂。在烧制过程中，其釉色互相渗化，部分颜色发生变化并产生新色，各种颜色又互相浸润交融，从而形成色彩斑斓的效果。斑驳灿烂的多种色彩，就是唐三彩釉色的特点。

唐三彩种类很多，主要分为人物、动物和器物三种。人物有文臣、武将、贵妇、男僮、女仆、艺人、胡人等。动物有马、骆驼、牛、羊、狮、虎等。器物有盛器、文房用具、室内用具等。由此也可以看出，唐代社会经济繁荣，手工业高度发达。

瓷器上的各种纹饰图案含有什么寓意？

瓷器的纹饰图案就是瓷器的文化载体，人们借用各种图案表达文化理念、审美倾向，因此，从瓷器的各种图案上可以读出我们民族丰富的文化内涵。

比如，“五清图”就是一种典型的瓷器装饰纹样，以松、竹、梅、兰、菊为主题。松是百木之长，经冬不凋；竹，清高而有节，宁折不屈，开怀大度；梅耐寒开花，称为“岁寒三友”之一。这一表达高风亮节的五清图案自宋以后常作为瓷器的装饰题材。

再如福禄寿图，其中包含有福、禄、寿三星或者是蝙蝠、鹿、桃的画面，都有长寿的意思。“蝠”同“福”，寓意富贵；“鹿”同“禄”，寓意高官厚禄；“桃”即寿桃，寓意高寿，以此三者象征福、禄、寿三星高照，表达了人们心中美好的愿望。

归纳起来，以图案传达象征意义，不外这样几种形式。

借谐音表吉祥。借用汉字的谐音，赋予一些看似无关的事物以特殊的含义，从而达到讨吉利的口彩，以示祝福或表达愿望。如一只鹌鹑与九片落叶表现“安居乐业”（鹌居落叶）之意。

以动物达人情。如以“羊羔跪乳”寓意孝敬母亲。

凭文字传心意。汉字形体本身就富有审美内涵，于是“福”“禄”“寿”“喜”等文字便成为瓷器的常用纹饰。

假景物铸诗境。诗词描写景物以意境取胜，而瓷器的纹饰往往借助富有意境的诗句所描写的画面来增加瓷器的文化品位。如“落花流水”等典型的瓷器纹饰图案等。

诗句“葡萄美酒夜光杯”中所说的夜光杯真的可以在黑夜中发光吗?

据说，周穆王应西王母的邀请，赴瑶池盛会，席间，西王母赠他一只碧光粼粼的酒杯，名曰“夜光常满杯”。周穆王如获至宝，爱不释手，从此“夜光杯”名扬千古。

夜光杯选用纯天然且质地优良的祁连山玉精雕细磨而成。夜光杯壁薄，斟满酒后对月映照，月光透过杯壁，与酒色相辉耀，借助外部的光能发出奇异的光彩，以此而得“夜光杯”的美名。

制作夜光杯的玉材，按颜色可分为墨玉、碧玉、白玉等。墨者，黑如漆；碧者，绿似翠；白者，如羊脂。色彩雅致，质感细腻，温润中透着雪山的凉爽，晶莹中闪着富贵的光芒。夜光杯制作程序繁杂，前后共需28道工序，现在已开发出三十多种造型。夜光杯的纹饰乃天然形成，它具有稳定的物理性能，耐热抗寒、不裂不炸，酒入杯中，色味更醇。2006年，夜光杯雕被列入第一批国家级非物质文化遗产名录。

为什么用紫砂壶泡茶，隔一夜茶也不会变质?

古人认为紫砂壶的可贵在于一不夺香，二无煮熟的汤气，三是“越宿不馊”。所谓“越宿不馊”就是用紫砂壶泡茶，隔了一夜，茶也不会变质。这简直是个宝壶。

紫砂壶为什么会有这样的功能?

经过技术测试，人们终于解开了其中的奥秘。在高倍显微镜下，紫砂器的显微结构中存在大量的团聚体，它的气孔大部分属于开口型气孔。紫砂器良好的透气性，可能与这种特殊的显微结构有关。据宜兴陶瓷公司对各陶土的理化工艺性能测定，发现紫砂泥的气孔率高达10%以上。透气性好当然就“泡茶色香味皆蕴”“越宿不馊”了。

这种特殊的结构与宜兴当地泥土的成分有着密切关系。紫泥的主要矿物成分为石英、黏土、云母和赤铁矿。一定的化学矿物颗粒组成，使紫泥具备了这种特殊的结构。

特别需要说明的是，紫泥并不只是紫色的。烧制“紫砂”的泥实际上有三种：紫泥、绿泥和红泥。出产这些泥料的地方是黄龙山，人们把它称为本山，而把其他的出产地称为外山。本山绿泥，特指出产于黄龙山的、矿料开采出来呈现绿色的单一紫砂矿源。宜兴丁山也有出产，往往是紫泥、红泥、绿泥混生，很难区分，于是将其命名为“团泥”。

景泰蓝明明有那么多颜色，为什么起名字只取“蓝”字？

景泰蓝初创时只有蓝色，而这种蓝色又是景泰年间烧制出来的，因此，这种工艺品就被称作“景泰蓝”了。

景泰蓝的美在于它的用色。在不同的历史时期，有不同的色调。明宣德年间以天蓝（淡蓝）、宝石蓝（青金石色）、浅绿、深绿、白色、黄色为主。而到了景泰年间，则出现了葡萄紫（紫晶色）、翠蓝（天蓝、宝蓝的中间色）和紫红（玫瑰色）等新色。这些色彩更加纯净晶莹，辉映着宝石般的光芒，极具富贵之气。到了清代，又出现了粉红、银红和黑等颜色，甚至为了体现皇室气派，在釉料中直接加入金银，使色彩在豪华、古典、雅致的基础上更加光辉灿烂，凸显了皇室的雍容华贵。

景泰蓝与雕漆、玉雕、象牙雕刻并称为北京传统手工艺文化的“四大名旦”，它是工艺美术世界里一颗璀璨的明珠。清末民初时的景泰蓝工艺品在国际市场渐负盛名，在1904年美国芝加哥世界博览会、1915年巴拿马万国博览会上两次获奖。

为什么要用兽皮而不是彩纸来制作皮影戏道具？

皮影戏又称影子戏或灯影戏，是一种以兽皮或纸板做成的人物剪影，在灯光照射下用隔亮布进行表演，是我国民间广为流传的傀儡（kuǐlěi，即木偶）戏之一。

皮影戏里的假人大都用皮革做成，为什么要用皮革来制作呢？这与其复杂的工艺要求相关。

皮影戏的各种形象必须腿脚活动自如，因此，头、躯干、四肢自成一体，用线相连，这就要求材料能经得起反复的折叠运动，相对来说皮革比较耐用。

民间皮影戏表演

皮影戏与戏曲的发展紧密相关，其形象大多来自戏曲形象，生、旦、净、末、丑样样齐全，这就要求假人也要像舞台上的真人一样装扮起来。假人涂有各种颜色，其绘画染色也有一定的讲究，女性发饰及衣饰多以花、草、云、凤等纹样为图案，男性则多用龙、虎、水、云等纹样为图案。为了使颜色固定，在涂色后要刷上桐油保护起来。而皮革比较利于涂色刷漆。

皮影戏要靠光影来达到演出效果。为了增加透光性，实现更好的光影效果，往往采用雕镂的方式进行人物造型。雕刻时，一般都用阳刻，有时也用阴刻，雕工细致，刀法多变。易于雕镂的皮革自然成为不二之选 。

蜡染艺术为什么被称为“东方艺术之花”？

蜡染是我国苗族古老而独特的手工绘染艺术，起源于秦汉，盛行于隋唐。一开始并不是用石蜡做染料，而是用蜂蜡。

蜡染的原理并不复杂。它是在白布上需要白色花型的地方涂抹蜡质，然后放在盛有靛蓝天然染料的缸里浸染，没涂蜡的地方染成了蓝色，涂蜡的地方还是原色。然后放在沸水里煮，蜡遇热而融化，于是呈现出蓝底白花的图案。

在白布上用蜡作画的工具不是一般的笔，是人们自制的一种钢刀，一般有三种形状：半圆形、三角形、斧形。

蜡染的图案极富文化内涵。首先，蜡染的图案反映了人们生产劳动的生活特点。

比如，在蜡染作品里出现了大量的谷粒纹、桃花纹、棉桃纹，这些图案是农耕文明的反映。而百褶长裙上的植物纹、圆圈纹、“万”字纹、“寿”字纹则表明人们对人丁兴旺、谷物满仓等的祈愿。其次，蜡染作品还反映着民族的图腾崇拜。比如，在苗族的蜡染图案中常常会出现“铜鼓”这个图像，实际上，铜鼓在古代是祈神禳（ráng）福活动的重要器物。再次，蜡染图案还反映了苗族整个民族的迁徙发展历程。人们称苗族的蜡染是真正的“东方艺术之花”，代表了当代世界民间工艺的最高水平。

酒后写下的草稿竟被后人疯狂追捧，这是怎么回事？

王羲之的《兰亭序》被称为“天下第一行书”，它写于东晋永和九年的兰亭修禊（xì）集会上。所谓“修禊”，就是当时每逢三月三人们都要到水边举行消灾祈福的集会活动，而那年的修禊集会正是在会稽兰亭举办的。在集会上，王羲之和他的朋友们饮酒作诗，兴致很高，当酒喝到微醺之际，王羲之挥毫写下了这篇《兰亭序》。等到第二天酒醒时，王羲之惊讶地发现这篇作品尽管是一时兴起写下的草稿，书法水平却非常高，笔姿纵横，千变万化，远远超出了他平时的发挥。而文章本身也写得很好，受到了很多人的好评。但是《兰亭序》的真迹后来不知去向，我们今天看到的是后世的摹本。

晋代王羲之的书法名作《兰亭序》（摹本）

点画错乱、线条潦草，到处是随意涂改的文稿，怎么就成了“天下第二行书”呢？

唐代著名书法家颜真卿写的《祭侄文稿》被称为“天下第二行书”。安史之乱时，颜真卿的哥哥颜杲（gǎo）卿、侄子颜季明坚守常山郡反抗叛乱，但终因寡不敌众，先后遇害。这篇《祭侄文稿》就是颜真卿写的祭文草稿。初看此帖，我们会觉得很难接受：点画错乱，线条潦草，处处是随意涂改的痕迹，比起《兰亭序》的温柔蕴藉来，差别太大。为什么如此书法会获得“天下第二行书”的称号呢？《祭侄文稿》确实很不“好看”，但是倘若能静下心来体会笔画流动中的情感，我们一定能够感受到一股强烈的悲愤之气力透纸背。正因为悲愤到了不可遏抑的地步，才会出现反复的涂改，而即使是涂改时的墨线，也让人感受到颜真卿在书写时的悲愤。正因为情感和笔墨结合得近乎完美，这幅书法作品才获得了“天下第二行书”的美誉。

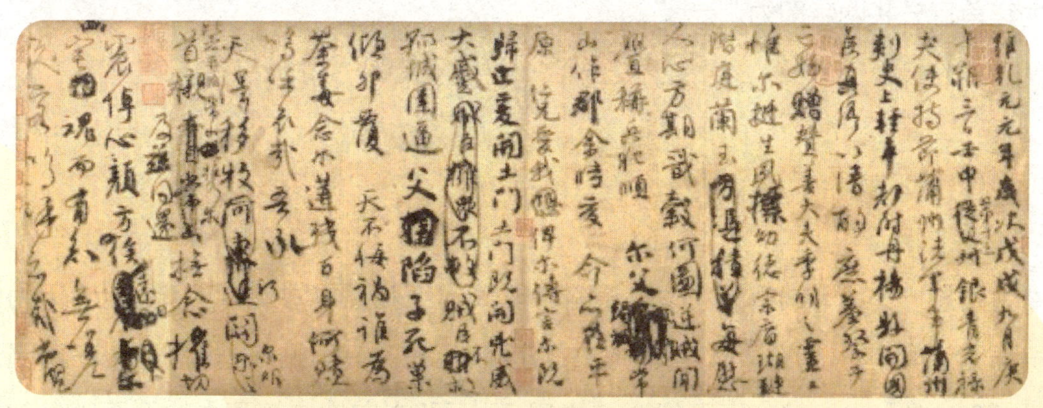

唐代颜真卿的书法名作《祭侄文稿》

《肚痛帖》真的是在肚子痛时创作的吗？为什么字迹越来越潦草？

《肚痛帖》为唐代书法家张旭所作，内容只有三十个字：“忽肚痛不可堪，不知是冷热所致，欲服大黄汤，冷热俱有益。如何为计，非临床。”从这样的内容来看，很可

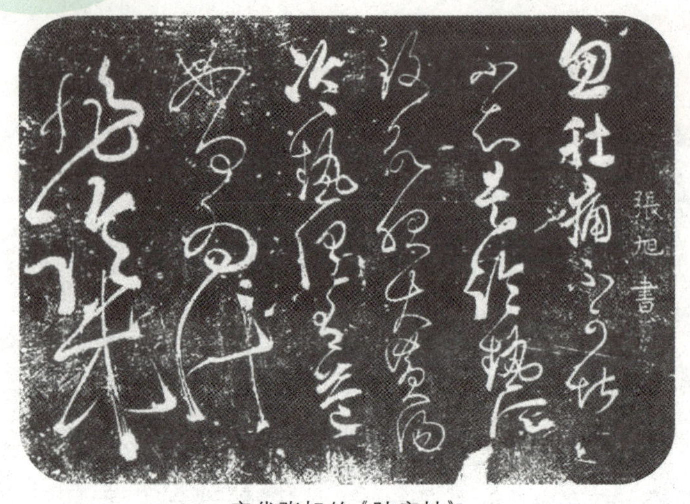
唐代张旭的《肚痛帖》

能确实是张旭某次肚痛时写的。其用笔一开始还比较规整，但是越到后来越狂放（也许是肚子痛得忍不住了），完全超出了一般书法的常规，可谓惊世骇俗。当然，由于《肚痛帖》毕竟只是刻帖，而且不同年代的刻帖中笔画的细节也有很多出入，所以该帖书法的真正水平如何，我们很难做出评价。

《肚痛帖》之所以称为《肚痛帖》，主要是因其开头第一行中有“肚痛”两字，这是较为常用的给书法作品起名的方式之一。比如王羲之的《十七帖》，并不是说它是由十七份书法作品拼接而成，而是因为其首行开头两字即为“十七”。

古人为临摹前人的书法想出了什么高招？

古人想出了拓（tà）印的方法：将略带湿润的纸贴在书法碑刻的碑面上，因为纸被弄湿之后具有一定的伸缩度，能够与碑面凹下去的笔画贴在一起，所以在用墨进行捶拓时，碑上的大部分纸面都会变成黑色，而凹嵌在字迹笔画中的纸面则仍然保持白色，这样一来，以黑底白字的方式就可最大程度地保持石碑上字迹的原样。尤其是对于汉代的隶书碑刻来说，因为这些石碑上的文字都是用红笔直接书写在碑面上的（这就是所谓的“书丹”），所以这种拓印方法能够较好地保存书写者下笔时的状态。

但是，对于后世很多学习书法的人来说，他们更喜欢的是王羲之、王献之等著名书法家笔下的行草书，而行草书一般是不会刻在石碑上的，书法家也不会为了让后人学习自己的书法而直接将文字写在石碑上。因此到了五代北宋时，就出现了“刻帖”，即先用透明的纸蒙在墨迹上，勾勒出墨迹的轮廓，再把勾勒出的轮廓摹刻到木版或石版上，并按照拓碑的方式复制出黑底白字的字帖。这就为后人学习前人书法提供了方便。

在没有纸张的年代，古人把画绘在哪里？

众所周知，中国的造纸术一直到东汉才得以成熟，而中国的绘画艺术却远远早于造纸术的发明。从仰韶文化、红山文化、大汶口文化的彩绘陶器上，我们可以看到很多具有艺术价值的绘画，这说明几千年前原始时代的古人们已经对绘画艺术表现出强烈的兴趣。此外，从古代墓葬出土的漆器上，我们也可以看到多姿多彩的漆画。这种漆画大多是在红底或黑底的器具上施加彩绘，所表现的内容多与神话故事有关。到了汉代，墓葬中的石壁以及木器上也出现了很多表现世俗生活的绘画。

到了先秦两汉时期，出现了最接近于现在在纸上作画的绘画形式——帛画，即在布帛上作画。它的起源很早，但由于布帛易腐烂，所以我们现在能看到的主要是少数出土于墓葬的帛画。这些帛画多和楚地的神话相关，比如马王堆一号汉墓出土的T形帛画，就分天上、人间、地下三部分。地下部分表现的是一名男子脚踩鳌鱼手托大地的场景；人间部分所占比重较小，描绘的是贵族妇女出行的场景；天上部分最为宽阔，有各种神话故事中的形象，如应龙、金乌、玉兔等，它们共同组成了一个瑰奇神秘的世界，意在表达一种“招魂”的祈祷。

帛画到了东汉之后就逐渐消亡了，其原因不一定和造纸术的发明成熟相关，可能主要是由于文化的变迁。当整个社会文化中的神话色彩逐渐淡去之后，墓葬中的帛画就相当少见了。而在之后的中国绘画中，题材的变化、技法的变化与材质的变化往往存在互为因果的关系。晋唐时代的人物画、宋代的山水画大多是画在绢上的，工笔的技法是绘画的主流；而明清之后的写意画、花鸟画则多以纸为材质。因此我们在欣赏一幅中国画时，不妨多关注一下绘画的材质与技法、主题之间的关联。

狼毫笔是采用狼的毛发制成的吗?

狼毫笔是用黄鼠狼的毛制成的，优秀的狼毫笔只能用黄鼠狼尾巴尖上的毛来制作，而最好的狼毫笔则必须用产自东北的黄鼠狼的毛。

中国古代的书法用笔，其实经历了一个选材的变化过程。早期的毛笔主要是硬毫，大多是用兔毫制成的，其中最好的是用紫黑色山兔毛制成的紫毫。这种毛笔非常劲挺，但是得来非常不容易，而且使用起来磨损很快，因此相当名贵。而由于狼毫的产量大于紫毫，价格也没那么高，所以狼毫笔就逐渐成为兔毫笔的替代品。据说王羲之写《兰亭序》时所使用的笔是“鼠须笔”，这种笔即使不是狼毫笔的一种，也肯定是硬毫笔。用这样的硬毫笔写字会表现出几种特性：第一，由于笔毫含水量有限，所以只能写在不吸水的熟宣纸或绢上。第二，由于笔本身不可能做得太大，所以早期的书法作品字一般都偏向中小。第三，由于硬毫笔具有健挺的优点，所以在表现笔画转折映带的细节方面非常出色。

而相比之下，羊毫笔——即用山羊毛制成的笔——其实是相当后起的。羊毫笔不如狼毫笔劲挺，属于软毫，但是由于产量较高，也可以做得很大，所以很适合写大字的需要。刚开始练习书法的人一般使用羊毫笔，它很适合练习大字楷书，能够练出笔力的沉厚。而当学到一定阶段之后，如要学习更注重笔画细节的晋唐时代的书法传统，就需要更多地使用狼毫笔了。

写字画画时为什么要区分“生宣”和“熟宣”？

宣纸的主要产地为安徽宣城泾（jīng）县，由于泾县为宣州下辖县，而且宣州自古也是纸业的集散地，所以该地出产的纸被称为“宣纸”。

按照纸的生熟程度，宣纸又有生宣和熟宣之分。所谓的“生”和“熟”，是制作工艺上的不同。熟宣比生宣多一套程序，即需要在纸上刷上一层明矾和桃胶（或骨胶），使纸变得不再渗水。那么在书画用纸中究竟是渗水好还是不渗水好呢？这取决

于不同的创作需要。生宣吸水，对于绘画来说，如果需要表现出画面层次丰富的晕染效果，生宣比熟宣更好；熟宣则更适合于勾勒细腻的工笔画的创作。对于书法而言，由于生宣非常容易吸水，所以下笔很容易渗化开来，并不适合表现牵丝映带等细节性的用笔，所以如果要学习《兰亭序》这样的晋唐书法，就不能使用生宣，适宜用熟宣；由于笔毫在生宣上划过时会产生更大的阻力，笔力入纸更深，所以为了表现用笔的沉厚力度，使用生宣更好。

泼墨画就是直接把墨汁泼到纸上吗？

国画中的泼墨法相传始自唐代王洽，王洽是个性情狂放的人，他往往在喝醉酒之后把墨泼在绢上，然后手脚并用，又擦又抹，根据墨色的流向而画成山石云水之类的景物。但当作品完成之后，却看不出墨污的痕迹，只是一幅完整的画作。

从传说来看，有几点值得注意：第一，泼墨画并不只是把墨汁泼到纸上而形成的抽象画，而是需要进一步加工，使其形成各种自然的景物。第二，既然最终形成的是一幅完整的画作，那么用笔（或如王洽般用手用脚）的技巧是非常重要的。正因为这样高明的技巧，才使泼墨画能成为画，而不只是纸上随意的点污。第三，泼墨的价值在于水墨的交融流动近于天然，这就使画中的墨色层次变化自然而又丰富。

因此，后世画家就将大量使用水墨、墨色层次变化丰富的这种绘画技法称为“泼墨”。水墨并不一定一开始就泼洒在纸上，同样可以由饱蘸水墨的大笔挥洒而出，尽情铺染，这样的创作方式往往用“泼墨挥毫”来形容。可以想见，“泼墨挥毫”显然更适合于表达内心强烈情感的大写意画。画家在兴起之时在纸上肆意挥洒，作品往往具有豪放天真的特点。

中国古代的壁画都画在哪些建筑的墙壁上?

我国古代壁画主要可分为三类:墓室壁画、寺观壁画和石窟壁画。

墓室壁画。古人认为,事物皆分阴阳,有阳世,也有阴间,因而人死后会在阴间继续生活。于是人们在墓室的墙壁上常常绘制许多反映墓主人生前生活和时代风俗的画,出现最多的是男女侍从、车马人物、出行仪仗、亭台楼阁、四神图案、歌舞伎乐和装饰图案等。此外,也不乏神话传说和历史故事,如徐州汉墓群的壁画内容有人首蛇身的女娲、交缠奔驰的双龙等神话传说,洛阳城北的汉墓壁画有二桃杀三士、苛政猛于虎等历史故事。

寺观壁画。寺观壁画是中国壁画的一个主要类型,绘于佛教寺庙和道观的墙壁上,内容有佛道造像、传说故事、图案装饰等。唐代的寺观壁画皆规模宏伟,色彩富丽,其艺术水平大大超过往代,但是保留下来的极少。宋代统治者曾为了玉清昭应宫的壁画绘制,召集全国三千名画工进行考试,最后选拔出百余名能工巧匠绘制壁画,可见当时壁画艺术之繁盛。

石窟壁画。提到石窟壁画人们自然会想到敦煌莫高窟,其内容主要有佛像画、佛教故事画、经变画(即把经文图像化)、供养人像、礼佛图、天宫使乐(表现天宫的欢乐场面)、传统神话、装饰图案、建筑图案等。它们是石窟壁画的巅峰之作。

为什么敦煌壁画中有那么多怀抱琵琶的仙女呢?

在敦煌壁画中可以看到很多怀抱琵琶在天上飞舞的女子形象,她们被称为“飞天”。我们在欣赏这些飞天时,可以发现几个很重要的特点:第一,她们大多是在飞动的状态中演奏的;第二,她们演奏的乐器往往都是琵琶;第三,她们的数量非常之多。

其实这几个特点都与敦煌壁画的创作年代,即北魏到隋唐时期(尤其是唐代)的社会文化紧密相连。那时东西方文化的交流非常频繁,整个社会表现出一种奔放外向的生命力,因此,来自西域的、善于表现热烈绚烂情调的琵琶就受到了社会各阶层的

广泛喜爱，大型的乐队演奏在此时也得到了较大的发展，当这些条件与追求超越俗世的宗教想象相结合时，就产生了敦煌壁画中大量的飞舞于空中的“飞天”形象。

敦煌壁画中的反弹琵琶图

但随着社会文化的转变，到了宋代之后，不仅以音乐为主题的画少了，连人物画也渐渐少了。宋代之后，画家们逐渐将关注点从人物画转向了山水画，将原本作为画面主体的人缩小之后放在了高山大川之中，以求得人与自然山水的和谐统一。敦煌飞天式的壁画往往会被认为是低级画工的作品，而不是高级画家的创作。

《步辇图》中为什么有的人被画得特别大而有的人却被画得特别小?

《步辇（niǎn）图》为唐代著名画家阎立本所作。由于中国传统绘画多采用“散点透视法”，所以人物画一般不会因为人物的远近不同而表现出人物大小的不同。而《步辇图》之所以把其中的某个人画得特别大，主要是因为这个人地位特殊，他就是唐太宗。

唐代阎立本画作《步辇图》（局部）

为了在不大的画幅之中表现出帝王的高贵地位，阎立本采用了“众星拱月”式的绘画设计手法：第一，唐太宗被画得特别高大，与之相对，他身边的宫女就显得特别矮小。第二，唐太宗被画得身材魁梧，而宫女们则被画得比较瘦弱（有人根据唐代《宫乐图》中丰满的女子形象推断《步辇图》是伪作，如果考虑到所需要的绘画效果的话，这一理由其实是不成立的）。第三，唐太宗由宫女们簇拥着，占据了画面的一半，而画面的另一半只有稀稀落落、显得很拘谨的三个人，这样一来唐太宗的高贵地位就更为突出了。

《韩熙载夜宴图》中为什么会出现五个韩熙载？

《韩熙载夜宴图》为五代唐画家顾闳（hóng）中所绘，表现的是南唐高官韩熙载家开宴行乐的场景。我们看到这幅画时首先会产生这样一个疑问：为什么整幅画中会有五个韩熙载？而且他穿的衣服、做的事情各不相同？这其实牵涉到古代手卷画的观看方式。

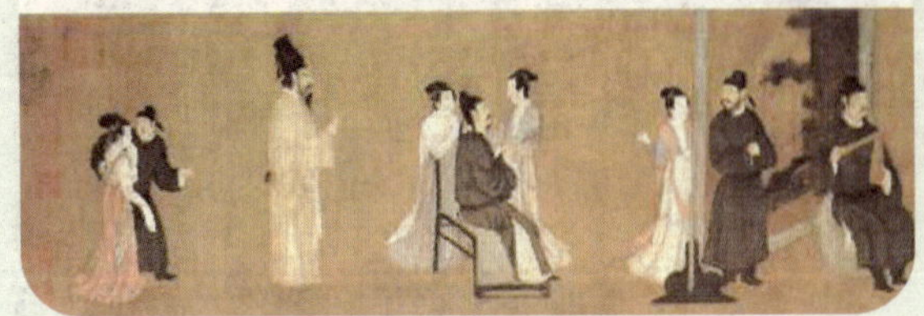
南唐顾闳中画作《韩熙载夜宴图》

对于古人来说，他们很难有足够的空间条件像我们现在一样把整幅长卷全部打开，来进行整体性的欣赏；他们只能将长卷逐渐展开，每次观赏一小段。由此，《韩熙载夜宴图》对于古人而言，就不是一幅整体性的单画，而是由多个画面构成的“连环画”。从右到左来看，首先是韩熙载与各位客人一起凝神倾听乐伎的琵琶演奏；气氛逐渐变得轻松起来，韩熙载亲自为舞女的表演击鼓助兴；略事休息之后，韩熙载换了便服，袒胸踞床，自在地欣赏音乐表演；最后则是酒阑灯谢，整场宴会结束。因此，这幅画并不只是表现宴会的某一瞬间，而是将整个晚宴的时间过程完整地展现出来。

那么，顾闳中为什么要画这幅画呢？其

实，这幅画的创作是有其背景的：韩熙载出身北方，南唐后主李煜面临着北方宋王朝的政治压力，自然就会猜疑从北方南来的官僚。于是他派出画师顾闳中前去密探韩熙载家的宴会（这场宴会有很多当朝大臣参加），其出发点也是为了了解臣下的政治动向。韩熙载则早已感觉到李煜对他的猜疑，虽然他有过人的才能，却时常纵情声色、放浪嬉游，韬（tāo）光养晦，让李煜对他放心。

可以说，这幅名画的创作确实牵涉到当时的政治，但是对于千年之后的我们而言，在面对这幅画时，不妨轻松地欣赏千年之前的歌舞表演和千年之后依然令人叹服的精湛画功。

为什么《清明上河图》让人百看不厌？

《清明上河图》全卷长达528.7厘米，宽度仅为24.8厘米，其中记录的人物达到五百多个，更不用说街市建筑、骡马车船等各色事物了。

尽管画作所涉及的场景极为复杂，但张择端的画笔之细实在让人叹为观止。明代时出现了一些《清明上河图》的摹本，而鉴定真伪的依据往往就在于屋檐上的麻

《清明上河图》描绘的是北宋首都汴京的繁荣集市及汴河两岸的自然风光。

雀踏的是一片瓦还是两片瓦，掷骰子的人嘴里喊“六”时是开口还是撮口。由此推衍开去，我们就知道整幅《清明上河图》究竟精细到什么程度了。正因为其细节的真实，这幅画也引发了种种关于北宋市井生活的讨论。比如画面所描绘的究竟是不是清明节？北宋的市井风俗与南宋人对旧京生活的回忆能否对应得上？这些讨论让我们意识到，《清明上河图》不仅具有极高的艺术价值，也具有极高的历史价值。

我们欣赏《清明上河图》时绝不可能一眼就把画面看尽，而需要频繁地转换视角，跟随着视角的转换，逐渐将这幅画如同一段活动的视频一样看完：顺着画面从右往左看，首先是汴梁郊野清风和畅的自然风光、前行的驴队、悠闲的农家小院；慢慢人变得多了起来，茶馆出现了，酒店出现了，商船出现了，虹桥出现了，汴河两岸变得越来越热闹了；而穿过城门进入汴梁，更是一派繁荣热闹的街市景象，商号、客栈、书铺、诊所，琳琅满目，应有尽有，让人目不暇接。

或许中国绘画“散点透视”的重要意义就在于突出了欣赏的过程性。画面没有中心，然而画面的任何一点都可以作为欣赏的起点，使欣赏者在每次欣赏时都能产生一种全新的观感。《清明上河图》让人百看不厌，其根本原因也正在于此。

黄庭坚为什么嘲笑苏轼的字像石头压着个癞蛤蟆？

宋代的黄庭坚是苏轼的学生，和苏轼有很好的师友关系。他们两人都擅长写诗，并称“苏黄”，同时他们的书法成就也很高，被列入“宋四家”（即“苏黄米蔡”）。他们的书法个性都非常强，苏轼写的字非常扁，而黄庭坚的笔画特别瘦长。有一次黄庭坚和苏轼开玩笑说：“您的字确实是好，但有时有点像石头压着个

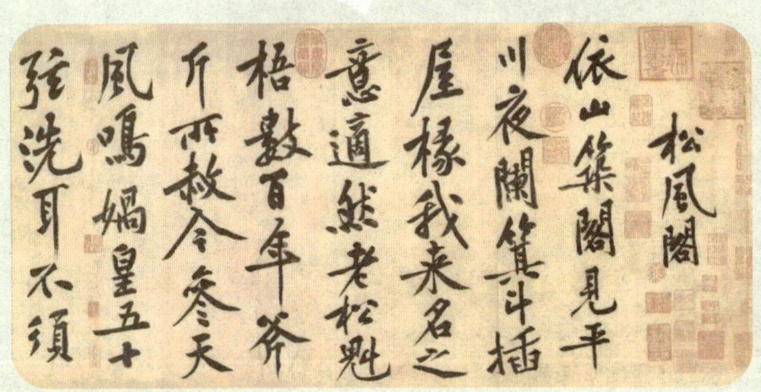

宋代黄庭坚的书法作品《松风阁诗帖》

癞蛤蟆。”苏轼也反过来嘲笑黄庭坚：“你的字也很好啊，只是有时像在树梢上挂着条死蛇。”

为什么苏轼和黄庭坚的字一个像石头压着个癞蛤蟆，一个像树梢上挂着条死蛇呢？他们的字为何如此与众不同呢？究其原因，恐怕是和苏黄的文人身份分不开的。

在宋代，“文人画”得到推崇。“文人”这一身份相当微妙，他们总会与业已存在的艺术传统保持若即若离的关系。他们不会拘泥于对传统的模仿，而是强调艺术是为了表现自我一时的情感。即使是临习古代的书画，最终的指向也并不在于如何精确地掌握传统的法度，而是能够在掌握法度之后自出机杼，从而在作品中展现自己真实的内心状态。所以我们看苏轼和黄庭坚的书法，越是前期的作品越接近于传统书法，因此并没有那么“怪”；越是后期的作品，则越表现出强烈的个性，自然就产生了“石压蛤蟆”和“树梢挂蛇”这样开玩笑式的比喻。

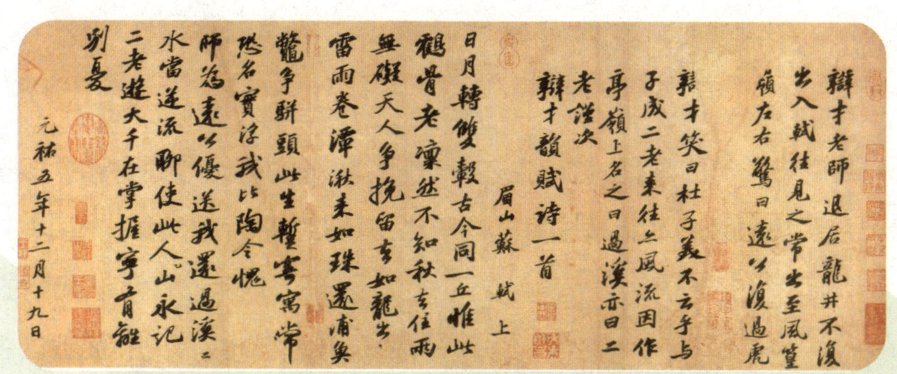

宋代苏轼的书法作品《次辩才韵诗帖》

宋代哪位书画家那么大胆，竟然敢向皇帝索要砚台？

如果要问宋代最有个性的书画家是谁，那么答案一定是米芾。相比起苏轼和黄庭坚这样的文人，米芾更接近于职业书法家。他的书法既能继承古代的优秀传统，又能自出机杼，追求高格调的创新。同时，他在绘画领域也独树一帜，所创造的山水画技法被称为“米点山水”。

但是米芾又不是一位普通的书画家。他以“米颠”著称，时不时会做出一些惊世骇俗的举动来。比如，米芾在出行时喜欢戴一顶很高的帽子，因为帽子太高而没有办法坐轿，他就把轿顶撤掉，让帽子高高地挺向半空，露天而坐。有一次，宋徽宗召他进宫写字，他很喜欢宋徽宗的那块砚台，于是写完字后对宋徽宗说："这块砚台已经被微臣弄脏了，不适合给皇上再用，就请您赐给我吧！"宋徽宗也只得笑着答应。米芾激动之下连忙把砚台往衣袖里一塞，根本不顾砚台里的墨汁把自己的衣服弄脏了。

在宋代书法"苏黄米蔡"的四大家中，如果要论书法功力之深，米芾显然是首屈一指。很多时候他对前代书法作品的临摹都能达到真假难辨的程度，尤其是在对东晋二王法书（指有高度艺术性的可以作为书法典范的字）的学习中，更深得王献之的神韵。一直被认为是王献之所书写的著名的《中秋帖》，经后人考证也是由这位"米颠"临写的。

为什么郑思肖画的兰花都不画土而露着根？

郑思肖是南宋末年的画家。他出生在一个风雨飘摇的时代，家境清贫，报国无门，只得怀着一腔孤愤眼睁睁地看着国家走向灭亡。南宋亡国后，郑思肖一直以宋王朝的遗民自居，既不愿意承认元朝的统治，也不愿意与北人交往，而他的名字"思肖"，其实也是寓意思念"趙"宋王朝的意思。正如他在一首诗中所言："宁可枝头抱香死，何曾吹落北风中。"郑思肖的民族气节，实在是令人景仰。

宋代郑思肖画作《墨兰图》

郑思肖擅长画兰，而他所画的兰花都没有土露着根，似乎半飘在空中。别人问他原因，他回答道："国土都沦亡了，根又能依托在何处呢？"其内心的沉痛不言而喻。另一方面，能够理解其内心孤愤的人极少，所以郑思肖不愿意为别人画兰花。尤其是当达官贵人向他索画时他不屑一顾，即使被逼迫作画，他也宁死不屈。然而如果一些下层民众和他谈得来，他就会把自己的画送给对方。郑思肖流传到今天的画极少，这主要是因为他虽然非常擅长作画，但每每随画随毁，无意将自己的作品保存下来，由此我们也可以看出郑思肖孤高的精神。

明代文人唐伯虎和“唐伯虎点秋香”故事中的唐伯虎是同一个人吗?

说起唐伯虎，家喻户晓的故事就是“唐伯虎点秋香”。然而，这个故事只是传说，男主人公并非唐伯虎，但是后世的读者更愿意把唐伯虎认定为故事的主角，这主要是因为唐伯虎确实是明代中期的一位著名才子，关于他的各种美谈也相当多。

唐寅，字伯虎，出生于苏州的商人家庭，自小就表现出极高的文艺才能。后来因为科场舞弊案的牵连，被贬做个小官，唐寅拒绝就任，便回归乡里。此后唐寅绝意功名，以其书画方面的卓越才能谋生。

在绘画方面，他曾经有两位老师——沈周和周臣。前者是文人画家，后者是职业画家。前者胜在文人清韵，后者则注重绘画技巧。唐寅综合两位老师的长处，既保持了高超的绘画技巧，又体现出文人画的审美趣味。同时，他的书法才能、文学素养也使其绘画表现出生动的才情，以至于他的老师周臣很坦诚地说：“我的画是不如唐伯虎的，主要是因为他的肚子里比我多了几千卷书。”唐寅在山水、人物、花鸟方面都有其擅长之处，风格秀逸清雅。

除了书画，唐寅在文学方面的成就也非常高，与祝枝山、文徵明、徐祯卿并称“吴中四才子”，是明代中期文学的代表人物。

朱耷画的鱼和鸟为什么都翻着白眼?

“翻白眼”是有典故的:据说魏晋之际的竹林七贤之一阮籍,他对于自己看不起的人都是翻着白眼跟他们说话,只有遇到看得起的人才会把黑色的瞳仁翻下来(“垂青”一词由此而来)。朱耷将他的大多数鱼和鸟都画成白眼向天,寓意着世上很少有他看得上的人。同时,在朱耷的画作中留白特别多,一张纸上往往只是孤零零地画一只小鸡或两只鹌鹑,除此之外没有任何背景,一片空白,让人不难想见其内心的孤独与凄凉。

为什么朱耷的画会如此奇怪呢?这与他独特的生活经历分不开。朱耷是明王朝的宗室,在明亡后出家为僧,曾经自号“个山”“雪个”等。“耷”字也是后来改的名字,意为“驴”(所以他的一些画作上署名就是“驴”)。到了晚年则自号“八大山人”,这个署名写成草书的话,既像“哭之”,又像“笑之”,取哭笑不得的意思。从这些名号中我们很容易体察到他的一腔孤愤。

当然,要真正理解朱耷的画,还需要仔细阅读他的题画诗。虽然他的很多画作中只有极为简单的署名,但是在一些题画诗中,他的心情会以一种相对隐晦的方式体现出来。比如这一首:“眼光饼子一面,月圆西瓜上时。个个指月饼子,驴年瓜熟为期。”初读会让人觉得很茫然,但其实里面大有深意,传说月饼曾经是元末农民军约定起义时间的暗号,由此“个个指月饼子”或许就可以解读为朱耷对复国的期待。然而,究竟复国要在什么时候呢?——“驴年”却是根本不存在的年份。将这两者结合起来看,可以发现朱耷内心的孤愤和凄凉从根本上源于对整个世界的失望。

“扬州八怪”之一郑板桥究竟“怪”在何处?

郑板桥原名郑燮(xiè),号“板桥道人”,所以人称“郑板桥”。他是“扬州八怪”中最为后世津津乐道的人物,原因或许就在于他的“怪”。

其怪之一,是其书画。郑板桥以画竹石著称,但是他的书法更具特色,自称“六分

半书”。所谓“六分半书”，其实是相对于“八分书”即隶书而言的。因为郑板桥的字既有些像隶书，又有些像楷书，时不时还掺杂了行草书的笔意，甚至把画兰竹的笔法穿插其中，各种在别人笔下不可能出现的用笔组合在他的笔下大量出现，而且每个字大小不一，字与字之间疏密错落，让人瞠目结舌。他很得意地称自己的书法为“乱石铺街”，这种书法确实是前无古人的。

其怪之二，是其为人。他一生仕途并不顺利，虽然不到二十岁就中了秀才，但是直到四十岁才中举人，中进士则是四十四岁的事了。这正好横跨了清代康熙、雍正、乾隆三个时期，所以郑板桥不无自嘲地称自己为“康熙秀才，雍正举人，乾隆进士”。而考中进士之后，他也只是做了七品县令这样的小官，最后还因为赈（zhèn）济灾民、得罪上司而被罢官。

但无论如何之“怪”，都是立足在郑板桥人格的傲岸孤高之上。这种人格在他的一首诗中得到了很好的体现：“咬定青山不放松，立根原在破岩中。千磨万击还坚劲，任尔东西南北风。”因此，与其说郑板桥“怪”，不如说是他个性强烈而显得与众不同。无论是当官时关心百姓的疾苦，还是作画时放任自己的性情，郑板桥都不失为一个堂堂正正的独立的人，这并不是用一个“怪”字能够概括的。

《百骏图》中每匹马的大小差别为什么那么明显呢？

《百骏图》中确实有一百匹形态各异的马，但是大小差别很大，不容易找全。问题是，为什么当我们看其他中国画中的飞禽走兽时，会觉得同类动物大都差不多大，而《百骏图》中每匹马的大小差别会如此突出呢？

其原因就在于，这幅画采用了西洋画的透视方法，而画的作者其实也是一位意大利人，他是清朝前中期非常有名的宫廷画家郎世宁。郎世宁是一名传教士，他善于将中国画与西洋画的元素有机结合起来，形成一种接受度较高的新画风，《百骏图》就是郎氏画风最著名的代表作。

中国传统绘画在表现风景时所采用的是“散点透视”法，所以在观看中国画时，

郎世宁《百骏图》

并不需要有固定的视点。但是这对于西方惯于用“焦点透视”（即整幅画有一个焦点，接近焦点的景物会大一些，远离焦点的景物会小一些）的画家来说是完全不可想象的，因此《百骏图》中近处的马和远处的马在形体大小上相差甚远，这完全符合西洋画的透视原理。只是郎世宁的变通之处在于，他为了让自己的作品得到皇帝的接受，做了一些处理。首先，他并没有采用油画的形式画在布上，而和中国画一样是画在纸面上。其次，尽管他仍然突出了西洋绘画中的明暗对比、阴影效果等元素，但同时也结合了中国画的一些皴（cūn）染技法，使这幅作品对于中国的欣赏者而言，既有异域风情的新鲜感，也在中国绘画审美的可接受范围之内。因此，郎世宁仍然可以被视为一名中国画家，而《百骏图》也仍然可以被看作是一幅中国画。

古人在印章防伪方面有什么样的巧妙方法？

印章雕刻艺术在我国古代广泛应用，古人利用怎样的技术防止印章伪造呢？ 首先，可用印的独特形体来防伪。历史上比较有代表性的就是“花押印”。“花押印”又称“押字”，始于宋朝，成熟于元朝，因此，又称作“元押”。一般是上刻楷书姓氏，下刻

八思巴文或花押。八思巴是元朝忽必烈时期的国师，他创造了一种拼音文字叫八思巴文。八思巴文极难辨识，有的文字还仿效了汉字的篆书笔法，尤其难认。用这种文字刻花押章的主要目的就是防伪。花押，就是指个人签名。花押签名，从唐代的时候就已经有了，至宋朝时这一风气已非常流行，不少文人墨客都有自己非常独特的花押。花押印有文有图，极具个性特色，难以仿制，具有很好的防伪效果。

其次，古人在制印时，会特别做一些暗记，以区别真伪。比如，某些笔画运用反常规刀法。再有，就是在比较隐蔽的地方有意留一个小点，或者微弱的刻纹，或是一段空白的断边等，好像是无意而为之，实则是有意而为之。

另外，印章的使用离不开印泥，特别讲究的艺术家都有自己独制的印泥，这种独制的印泥也成了防伪的一种手段，有人仿制了印章，却没注意到印泥的独特性，结果露出了马脚。

古代的木刻版画是在木板上绘画吗？

我们看中国古代的小说时，经常会看到一些小说人物和故事情节的插图，这些插图并不是由画家直接画在纸上的，而是和文字一样，是先反刻在木板上再印到纸上去的，这就是有着悠久历史的中国木刻版画。

流传至今、年代最早的木刻版画是印刷于唐代的《金刚经》卷首图，它只使用了白描的线条，而并没有套印（即用多种颜色在同一张纸上多次印刷）其他色彩。到了宋代，木刻版画超出了宗教的主题范围，吸收了很多世俗生活的题材。但是直到元代，才出现了红黑二色套印的“彩色”版画。明清时期，木刻版画的技术得到了较大发展，一方面出现了将文人绘画制成版画的精细技术，印出了《芥子园画谱》之类的绘画教材；另一方面则出现了深受广大老百姓喜爱的年画。

清代是木刻年画的繁荣期，以天津杨柳青和苏州桃花坞的年画最为著名。在题材方面，年画多表现社会民众所喜闻乐见的戏曲故事、风俗传统以及对美好生活的祝福；在创作手法方面，则多采用明快鲜活的色彩，套色印刷的工艺也渐趋复杂。苏州桃花坞的年画要经过红、黄、蓝、绿、黑五种颜色的套印，而天津杨柳青的年画在印刷之后还要再加上手工的彩绘。由此产生的年画作品具有独特的审美价值，日本著名的“浮世绘”也深受中国木刻年画的影响。

“短胳膊短腿大脑壳，小鼻子大眼没有脖。鼻子眉眼一块凑，千万别把骨头露。”这说的是哪种画的画法？

题中说的便是杨柳青年画画小孩的画法。杨柳青年画兼有版画的刀法韵味与绘画的笔触色调，这种风格是由其制作方法决定的。

杨柳青年画的制作是“半印半画”式的，先依据设计稿制版，作单色套印，然后再用手工填涂彩色，这样就使其作品既有版画的木刻味道，又兼具绘画的笔触色调。

具体说来，它的制作可以分为五个部分。分别是勾（出稿）、刻（刻板）、印（印刷）、画（彩绘）、裱（装裱），每一道工序都有一个人专门来做，这样一幅年画完工时要经过五个人的手。许多人从小就开始从事某一道工序的操作，终生不变。

杨柳青年画的题材也有五类，一是娃娃类，娃娃的造型以丰满、活泼为美，有的手捧莲花，有的怀抱鲤鱼，极具喜庆气息。二是仕女类，也主要以喜庆场面入画。三是民俗类，主要以过年过节的风俗场面为主。四是民间故事类，即以民间传说、神话故事及四大名著的内容等为素材。五是神像类，主要供百姓上供、祭祀、过节用。

杨柳青年画结合了明清工笔画、木刻版画、文人画等各种画派技法，又依据年画特点，创作出了独具特色的艺术品。比如，杨柳青年画中的小孩，一般都不画脖子，眼睛则只画下眼睫毛。这些独到的画法就是在现实生活观察的基础上融合了其他画法的结果。周汝昌先生曾这样描述杨柳青年画：“杨柳青青似画中，家家绣女竞衣红。丹青百幅千般景，都在新年壁上逢。”